AF565613

HEEL Verlag GmbH
Gut Pottscheidt
53639 Königswinter
Tel.: 02223 9230-0
Fax: 02223 9230-13
E-Mail: info@heel-verlag.de
www.heel-verlag.de

5. Auflage 2025
Dieses Buch ist in Zusammenarbeit mit Tefal entstanden.

Fotos: Volker Debus
Projektleitung: Christine Birnbaum
Gestaltung: Sabine Vonderstein, Köln
Cover: Chrissi Mertens, Heel Verlag
Illustrationen: © Adobe Stock: (S. 64–65) © artbalitskiy; (S. 7, 15, 16–17, 20–21, 42–43) © DiViArts; (S. 20–21, 88–89) © Maria.Epine; (S. 42–43) © MicroOne; (S.18–19) © sebra; (S. 7, 16–17) © Vita; Pfeile © Designed by Freepik

Printed in Slovenia

ISBN 978-3-96664-131-9

NINA ENGELS

DIE HEISSLUFT-FRITTEUSE

Die besten Rezepte für das Original

HEEL

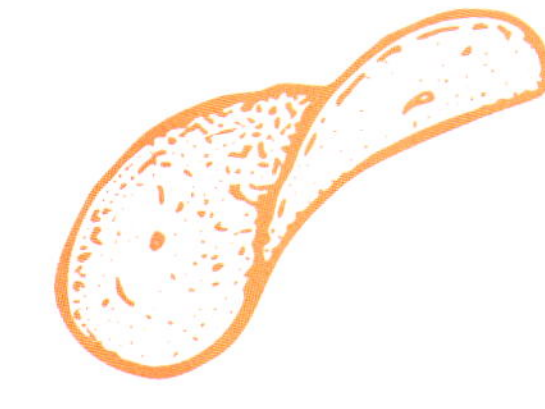

INHALT

WEG MIT DEM SCHLECHTEN GEWISSEN, HER MIT DER HEISSLUFTFRITTEUSE!

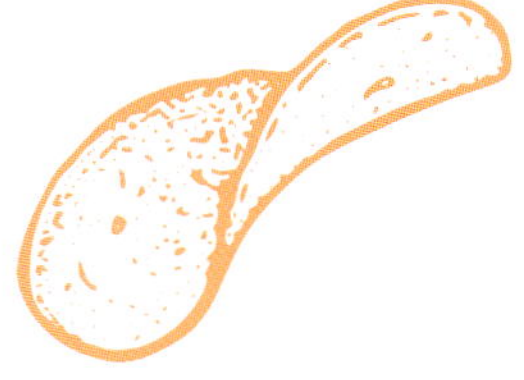

Ganz ehrlich – so ein bisschen sind wir doch alle Pommes-Addicts … oder Frühlingsrollen-Lover … Wenn da nur nicht immer dieses unsäglich schlechte Gewissen wäre. So viel Fett, so ungesund, das dämpft die Essensfreude schon ganz enorm. Am besten ist es also, diesem Heißhunger nicht allzu oft nachzugeben. Was eigentlich auch keine Lösung, sondern lediglich eine Spaßbremse ist.

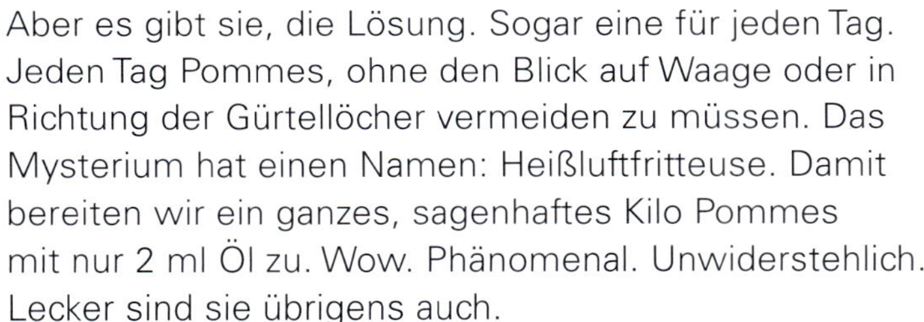

Aber es gibt sie, die Lösung. Sogar eine für jeden Tag. Jeden Tag Pommes, ohne den Blick auf Waage oder in Richtung der Gürtellöcher vermeiden zu müssen. Das Mysterium hat einen Namen: Heißluftfritteuse. Damit bereiten wir ein ganzes, sagenhaftes Kilo Pommes mit nur 2 ml Öl zu. Wow. Phänomenal. Unwiderstehlich. Lecker sind sie übrigens auch.

In der Fritteuse – und damit auch in der Heißluftfritteuse – kann man jedoch noch so viel mehr zubereiten als Frühlingsrollen und knusprige, süchtig machende Kartoffelstäbchen. Ob es nun Meatballs sind, Suppli oder Crab Cakes – die Bandbreite ist genauso groß wie lecker.

Lassen Sie sich überraschen, wir wünschen einen guten Appetit!

WISSENSWERTES

Die Rezepte dieses Buches sind für Modelle mit Timer-Funktion und ohne Temperatureinstellungsmöglichkeit konzipiert. Selbstverständlich können Sie auch mit anderen Geräten zubereitet werden.

Bei Geräten mit Temperatureinstellung: Regeln Sie die Temperatur auf 150–160 °C und richten Sie sich bei den Zeitangaben nach den Angaben in den Rezepten.

Modell: ActiFry Extra

Tipp:

Durch das durchsichtige Kunststofffenster kann man den Garvorgang wunderbar beobachten und den Timer bei Bedarf gegebenenfalls nachjustieren. Nutzt man die Heißluftfritteuse nicht zum Frittieren, sondern zum Kochen, sieht man durch den Glasdeckel, ob es notwendig ist, Flüssigkeit nachzuschütten.

Tipp:
Der Garbehälter ist antihaftbeschichtet
und kann problemlos in der Spülmaschine
gereinigt werden.

SNACKAUFSATZ
RÜHRARM
*

SNACKAUFSATZ

Der Snackaufsatz ist als zusätzliches Zubehör erhältlich und passt für viele ActiFry Heißluftfritteusen von Tefal. Vor dem Kauf sicherheitshalber vergewissern, dass er mit der entsprechenden Heißluftfritteuse kompatibel ist. Zum Aufstecken des Snackaufsatzes wird zuerst der Rührarm (s. u.) entfernt.

Gerade Gemüsebällchen, Suppli oder ähnliche Speisen lassen sich im Snackaufsatz besonders gut zubereiten, da sie im Garraum nicht gleichmäßig gegart, bzw. durch den in Bewegung befindlichen Rührarm in Mitleidenschaft gezogen würden.

Bei sehr empfindlichen Produkten ist es sinnvoll, den Snackaufsatz mit einem passgenau zurechtgeschnittenen Stück Backpapier auszulegen, damit das Gitter keine Abdrücke auf den Produkten hinterlässt oder sie gar beschädigt.

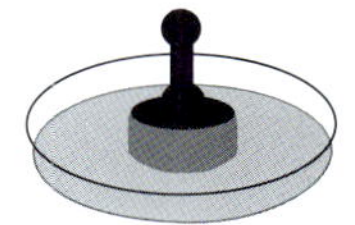

Überall, wo der Snackaufsatz im Einsatz ist, finden Sie dieses Symbol.

RÜHRARM

Der Rührarm gehört zur Grundausstattung aller ActiFry Heißluftfritteusen von Tefal. Durch ihn ist gewährleistet, dass beispielsweise Pommes Frites oder Kartoffel-Wedges ständig in Bewegung gehalten werden und dadurch rundherum gut gebräunt und gleichmäßig gegart werden.

Er lässt sich ganz einfach herausnehmen für den Fall, dass man entweder alternativ einen Snackaufsatz einsetzen oder den Garraum komplett nutzen möchte. Komplett aus Kunststoff gefertigt, lässt er sich problemlos in der Spülmaschine reinigen.

Wenn die ActiFry ohne Rührarm oder Snackaufsatz genutzt wird, muss man unbedingt darauf achten, dass die Mengenangaben in den Rezepten eingehalten werden, sodass keine Flüssigkeiten in den offenen Aufsatz gelangen können. Es ist aus diesem Grund nicht nur bequemer, sondern auf jeden Fall generell anzuraten, den Garbehälter zum Befüllen aus der ActiFry zu nehmen, und ihn, ohne aus der Waagerechten zu geraten, vorsichtig wieder einzusetzen.

Tipp:

Hier an dieser Stelle wird's besonders heiß im Innenraum. Nutzt man den Garraum ohne Rührarm, sollte man den hinteren Bereich gegebenenfalls mit etwas Alufolie locker abdecken, vor allem, wenn die Speisen eine längere Garzeit haben.

VORTEILE DER HEISSLUFTFRITTEUSE

1. Die Zubereitung ist überaus schonend, wodurch die Vitamine weitgehend erhalten bleiben.
2. Es ist nur ein Minimum an Fettzugabe nötig, in vielen Fällen kann man auf Fett sogar ganz verzichten.
3. Im Gegensatz zur herkömmlichen Fritteuse spritzt die Heißluftfritteuse nicht, kann deshalb weder zu unliebsamen Verschmutzungen noch zu sehr schmerzhaften Verbrennungen führen.
4. Da das sehr wenige zugefügte Fett am Gargut haften bleibt, ist die leidige Entsorgung von altem Frittierfett kein Thema.
5. Im Unterschied zur Fettfritteuse lässt sich die Heißluftfritteuse unkompliziert reinigen. Diejenigen Teile, die beim Garvorgang mit den Lebensmitteln in Kontakt kommen, können einfach in der Spülmaschine gesäubert werden.

Hand aufs Herz

Wer denkt bei Pommes oder frittiertem Gemüse nicht auch manchmal an altes Frittierfett? Oft werden üble Gerüche mit Fritteusen assoziiert, da muss das Fett nicht mal ranzig sein, allein der Frittiergeruch mit taufrischem Öl vertreibt manchen Zeitgenossen schon den Hunger. Er setzt sich in Kleidung und Haaren fest. Wer zum ersten Mal mit der Heißluftfritteuse eine Mahlzeit zubereitet, ist sicherlich erstaunt, denn der Faktor Geruch spielt kaum mehr eine Rolle.

DIE KÖNIGSDISZIPLIN – POMMES FRITES

Wem kommen im Zusammenhang mit der Fritteuse nicht reflexartig die schmalen, langen, knusprigen Kartoffelstäbchen in den Sinn? Und sicherlich hatte auch kaum jemand die leckeren Kalorienbomben bei der Kaufentscheidung zur Heißluftfritteuse nicht irgendwie im Kopf … endlich Pommes essen ohne dieses latent schlechte Gefühl, zwar der Seele etwas Gutes zu tun, den Körper aber zu belasten.

Da die Heißluftfritteuse mit rund 100-mal weniger Öl auskommt als die herkömmliche Fritteuse, schrumpft sich das schlechte Gefühl deutlich klein. So klein, dass man es schlicht vernachlässigen kann. Kein Wunder, dass die Qualität einer Heißluftfritteuse meist an den Pommes Frites gemessen wird, die in ihr zubereitet werden.

Pommes kann man in der Heißluftfritteuse sowohl als TK-Ware zubereiten als auch aus frischen Kartoffelstäbchen. Wenn man sich für rohe, unbehandelte Kartoffeln entscheidet, dann sollte man unbedingt festkochende Kartoffeln verwenden und diese sehr gründlich abspülen. So lange, bis das Wasser klar ist, also keine Stärke mehr

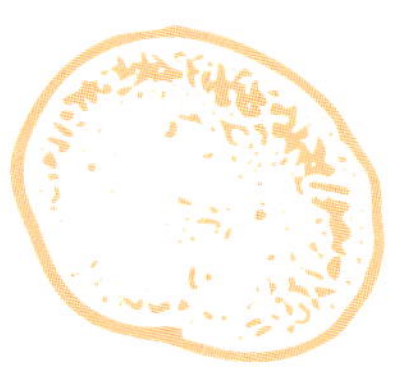

enthält. Denn die in den Kartoffeln vorhandene Stärke ist dafür verantwortlich, dass die Pommes matschig werden. Nach dem Abspülen müssen die vorbereiteten Pommes gründlich abgetrocknet werden, danach können sie in die Heißluftfritteuse.

Für die Zubereitung von Pommes ist der Rührarm der ActiFry ideal. Denn durch das stetige Rotieren bräunen sie gleichmäßig von allen Seiten und liegen nicht versehentlich aufeinander, was häufig dazu führt, dass sie nicht richtig kross werden.

Durch den Glasdeckel lässt sich der Garraum und der Bräunungsgrad der Pommes stets im Auge behalten und man kann nach Bedarf und Geschmack den Timer noch einmal nachjustieren. TK-Pommes benötigen im Grunde kein zusätzliches Öl, denn sie sind bereits mit Öl behandelt.

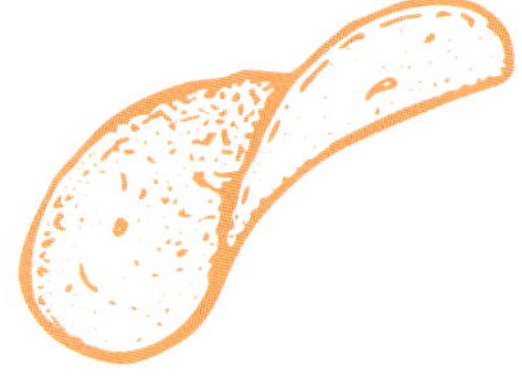

KOKOSÖL

Klar, kann man mit Kokosöl frittieren – und lecker ist es noch dazu, aber der Literpreis ist so hoch, dass man es kaum tun würde. In der Heißluftfritteuse ist es dagegen überhaupt kein Problem: Einen Messlöffel aus dem Glas entnehmen und etwas erwärmen, bis es flüssig ist. Dann genauso über die zu frittierenden Produkte geben wie jedes andere Öl auch. Es verleiht den Gerichten ein exotisches Aroma und ist noch dazu gesund.

AROMATISIERTE ÖLE

Natürlich muss man nicht immer nur reines Sonnenblumen- , Raps- , Maiskeim- , Oliven- oder Kokosöl verwenden. Auch leicht aromatisierte Öl, z. B. mit Knoblauch oder Chili, eignen sich für die Zugabe in der ActiFry. Einfach ausprobieren!

GEMÜSE, GEMÜSE, GEMÜSE

Keine Sorge vor Vitaminverlust – in der Heißluftfritteuse wird so schonend gegart, dass die Vitamine zum großen Teil erhalten bleiben.

SNACKS UND PARTYFOOD

AVOCADO-NUSS-FRIES
MIT KURKUMA-DIP

Für 4–6 Portionen | 15 Min. Vorbereitung | 12 Min. Zubereitung

Für die Fries:

4 reife, aber noch feste Avocados

2 EL Zitronensaft

3 Eier (Gr. M)

Salz

frisch gemahlener schwarzer Pfeffer

200 g Weizenmehl (Type 405 oder 550)

100 g gehackte Haselnüsse

100 g Pankomehl (oder Semmelbrösel)

Für den Dip:

1 Knoblauchzehe

1 Stück Ingwer (2 cm)

½ Bund glatte Petersilie

300 g Naturjoghurt

1 EL Zitronensaft

1 gestrichener TL Kurkuma

Salz

frisch gemahlener schwarzer Pfeffer

Chiliflocken nach Belieben

Außerdem:

Sonnenblumenöl zum Bestreichen

1. Die Avocados halbieren, die Steine herauslösen und das Fruchtfleisch aus den Schalen heben. Anschließend in Spalten schneiden und mit Zitronensaft benetzen.
2. Die Eier mit Salz und Pfeffer in einer Schale verquirlen. In einer zweiten Schale das Mehl verteilen, in einer dritten Schale Haselnüsse mit Pankomehl vermengen.
3. Die Avocado-Spalten zuerst in Mehl, dann in Ei und schließlich in der Haselnuss-Pankomehl-Mischung wenden.
4. Die Spalten mit Öl bestreichen, den Rühraufsatz aus der ActiFry nehmen, den Snackaufsatz einsetzen und die Spalten darauf verteilen. Den Timer auf 12 Minuten stellen und das Gerät starten. Nach der Hälfte der Zeit einmal wenden.
5. In der Zwischenzeit für den Dip Knoblauch und Ingwer schälen und fein hacken. Petersilie waschen, trocken schütteln und die Blättchen ebenfalls fein hacken. Alles mit Joghurt, Zitronensaft und Kurkuma in einer Schüssel verrühren und mit Salz, Pfeffer und Chiliflocken nach Belieben pikant abschmecken.

CRAB CAKES

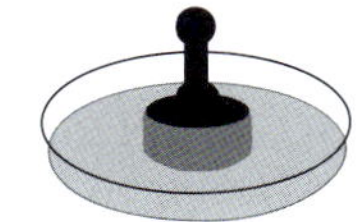

MIT SELBST GEMACHTER ZITRONEN-MAYONNAISE

Für ca. 20 Stück | 20 Min. Vorbereitung | 18 Min. Zubereitung

Für die Crab Cakes:

1 Frühlingszwiebel

2 hart gekochte Eier (Gr. M)

2 EL Kapern aus dem Glas

1 Bund Schnittlauch

6 Stängel glatte Petersilie

300 g frisches Krebsfleisch (alternativ: aus der Dose)

abgeriebene Schale und 1 EL Saft von 1 unbehandelten Zitrone

80 g Pankomehl

1 Ei (Gr. M)

Salz, frisch gemahlener Pfeffer

1 Spritzer Tabasco-Sauce

Zum Panieren:

1 Ei (Gr. M)

80 g Pankomehl

1 Dosierlöffel Sonnenblumenöl

Für die Zitronen-Mayo:

1 Ei (Gr. M)

1 TL Dijon-Senf

Salz, frisch gemahlener schwarzer Pfeffer

100 ml Sonnenblumenöl

100 ml mildes Olivenöl

2 EL Zitronensaft

1 TL abgeriebene Schale von 1 unbehandelten Zitrone

1. Für die Crab Cakes die Frühlingszwiebel waschen, putzen und in ganz feine Ringe schneiden. Die hart gekochten Eier pellen und fein hacken. Die Kapern ebenfalls fein hacken. Kräuter waschen, trocken schütteln und fein hacken. Alle vorbereiteten Zutaten zusammen mit grob gehacktem Krebsfleisch, Zitronensaft und -abrieb, Pankomehl, Ei, etwas Salz, Pfeffer und Tabasco in eine Schüssel geben. Mit feuchten Händen ca. 20 kleine Kugeln daraus rollen. Ist die Masse zu feucht, gegebenenfalls etwas mehr Pankomehl daruntermischen.
2. Zum Panieren die Kugeln erst im verquirlten Ei wenden, dann im Pankomehl. Den Rührarm aus der ActiFry nehmen, den Snackaufsatz einsetzen und die Kugeln darauf verteilen. Mit der Hälfte des Sonnenblumenöls beträufeln, den Timer auf 18 Minuten stellen und das Gerät starten. Die Cakes nach der Hälfte der Zeit wenden und mit dem restlichen Sonnenblumenöl beträufeln. Zum Servieren auf Holzstäbchen stecken.
3. In der Zwischenzeit für die Zitronenmayonnaise alle Zutaten bis auf die Zitronenschale in ein hohes Püriergefäß geben. Mit dem Pürierstab ganz nach unten auf den Boden gehen, dann den Stab anstellen und langsam hochziehen. Bei angestelltem Motor 2–3-mal hoch und wieder hinunterfahren, bis die gewünschte Konsistenz erreicht ist. Zum Schluss die Mayonnaise mit Salz und Zitronensaft nochmals abschmecken und die Zitronenschale unterrühren. Zusammen mit den Crab Cakes und frischem Brot servieren.

SPICY WEDGES
MIT SCHNELLEM KETCHUP

Für 4 Portionen | 25 Min. Vorbereitung | 25 Min. Zubereitung

Für die Wedges:

1 kg festkochende Kartoffeln
2 TL Salz
2 TL Paprikapulver edelsüß
1 TL getrockneter Thymian
1 Dosierlöffel Sonnenblumenöl
1 Dosierlöffel Weizenmehl (Type 405 oder 550)

Für das Ketchup:

1 kleine Zwiebel
100 ml Apfelsaft
1 EL Aceto balsamico bianco
1 gestr. TL Currypulver
½ TL Salz
1 Msp. frisch gemahlener schwarzer Pfeffer
140 g Tomatenmark
1 EL Honig

1. Für die Wedges die Kartoffeln gründlich bürsten und waschen, dann mit der Schale in Spalten schneiden.
2. Kartoffelspalten ca. 20 Minuten in kaltem Wasser einlegen, anschließend in ein Sieb geben, gründlich abspülen, abtropfen lassen und mit einem Küchentuch sorgfältig trocken tupfen. In einer Schüssel mit Salz, Paprikapulver, Thymian, Sonnenblumenöl und Mehl mischen. Im Garraum der ActiFry mit eingesetztem Rührarm verteilen, den Timer auf 25 Minuten stellen und das Gerät starten.
3. In der Zwischenzeit Zwiebel schälen und hacken. Mit Apfelsaft, Aceto balsamico, Currypulver, Salz und Pfeffer in einem Topf mit geschlossenem Deckel etwa 10 Minuten weich kochen lassen. Mit Flüssigkeit in ein hohes Gefäß umfüllen. Mit Tomatenmark und Honig pürieren und abkühlen lassen. Vor dem Servieren nochmals abschmecken. Wedges mit Ketchup servieren und genießen.

SÜSSKARTOFFEL-POMMES MIT BLITZ-AIOLI

Für 4 Portionen | 30 Min. Vorbereitung | 15 Min. Zubereitung

Für die Süßkartoffel-Pommes:

1 kg Süßkartoffeln (ca. 3 Stück)

1 Dosierlöffel Sonnenblumenöl

1 gestr. EL Speisestärke

Salz

frisch gemahlener schwarzer Pfeffer

Für die Blitz-Aioli:

2 Knoblauchzehen

1 ganz frisches Ei (Gr. M)

1 TL Zitronensaft

1 TL Dijon-Senf

1 gestr. TL Salz

1 Prise Chiliflocken

200 ml Sonnenblumenöl

1. Für die Pommes die Süßkartoffeln putzen, schälen und in ca. 1 cm dicke Stäbchen schneiden. Etwa 20 Minuten in kaltes Wasser einlegen, anschließend in ein Sieb abschütten und abtropfen lassen.
2. Die Süßkartoffelstäbchen mit einem Küchentuch trocken tupfen. In einer Schüssel mit Sonnenblumenöl, Speisestärke, etwas Salz und Pfeffer vermengen. Im Garraum der ActiFry mit eingesetztem Rührarm verteilen und den Timer auf 15 Minuten einstellen. Das Gerät starten.
3. In der Zwischenzeit die Knoblauchzehen schälen und hacken. Zusammen mit allen anderen Zutaten für die Aioli in ein Püriergefäß geben. Mit dem ausgeschalteten Pürierstab ganz auf den Boden des Gefäßes gehen, dann anschalten und den Stab langsam nach oben ziehen. Oben angekommen mit angestelltem Stab noch 2–3-mal runter und wieder hinaufziehen, bis die gewünschte Konsistenz erreicht ist. Bis zum Verzehr kalt stellen und zusammen mit den Süßkartoffel-Pommes servieren.

KLEINE BLÄTTERTEIG-TASCHEN
MIT HACKFLEISCH-PISTAZIEN-FÜLLUNG

Für ca. 30 Stück | 15 Min. Vorbereitung | 25 – 45 Min. Zubereitung je nach Menge

Zutaten:

10 getrocknete Aprikosen
½ Bund glatte Petersilie
1 Schalotte
1 Knoblauchzehe
½ Dosierlöffel Olivenöl
250 g Rinderhack
Salz
frisch gemahlener schwarzer Pfeffer
1 TL gem. Kreuzkümmel
3 Kardamomkapseln
50 g Pistazienkerne
1 TL Harissa-Paste
2 Packungen Blätterteig aus dem Kühlregal

Außerdem:

1 Ei (Gr. M)
1 EL Sahne
Schwarzkümmel zum Bestreuen

1. Die Aprikosen bis zur weitere Verwendung mit heißem Wasser übergießen und abgedeckt quellen lassen.
2. Petersilie waschen, trocken schütteln und die Blätter hacken. Schalotte und Knoblauch schälen und hacken.
3. Das Olivenöl in den Garraum der ActiFry mit eingesetztem Rührarm geben. Den Timer auf 2 Minuten stellen und das Gerät starten. Dann die Schalotte hinzugeben und den Timer erneut auf 2 Minuten stellen. Anschließend Knoblauch und Petersilie hinzugeben. Den Timer auf 1 Minute stellen, anschließend das Gargut in eine Schüssel füllen. Den Garraum säubern, den Rührarm entfernen und den Snackaufsatz einsetzen.
4. Die Aprikosen abgießen, hacken und zusammen mit dem Hackfleisch, etwas Salz, Pfeffer und dem Kreuzkümmel zur Schalottenmischung in die Schüssel geben. Die Kardamomkapseln aufbrechen und die kleinen schwarzen Samen im Mörser zerstoßen. Die Pistazien hacken. Beides zusammen mit der Harissa-Paste zum Hackfleisch geben. Alle Zutaten gleichmäßig verkneten.
5. Den Blätterteig entrollen und längst dritteln. Diese Teigstreifen in ca. 5 cm lange Stücke schneiden. Die Füllung teelöffelweise darauf verteilen und die Teigstücke aufrollen. Die Seiten festdrücken. Das Ei mit der Sahne verquirlen und die Teigtaschen damit bestreichen. Mit Schwarzkümmel bestreuen. Portionsweise in den Snackaufsatz geben. Die restlichen Teigrollen im Kühlschrank aufbewahren.
6. Den Timer auf 20 Minuten stellen und das Gerät starten. Die Teigrollen nach der Hälfte der Zeit wenden. Mit den restlichen Rollen ebenso verfahren.

Tipp:

Damit nichts hängen bleibt, legt man den Snackaufsatz am besten mit zurechtgeschnittenem Backpapier aus.

VEGETARISCHE FRÜHLINGSRÖLLCHEN

Für 6 Stück | 40 Min. Vorbereitung | 20 Min. Zubereitung

Für die Frühlingsrollen:

100 g TK-Erbsen

120 g Knollensellerie

1 kleine Möhre

1 kleine rote Paprikaschote

2 Frühlingszwiebeln

50 g Babyspinat

1 rote Chilischote (nach Belieben)

2 TL helles Sesamöl

1 EL Sojasauce

Salz

12 Blätter Frühlingsrollenteig (aus dem Asia-Laden)

2 Eier (Gr. M)

½ Dosierlöffel helles Sesamöl

Außerdem:

Sojasauce und Chilisauce süßsauer zum Servieren

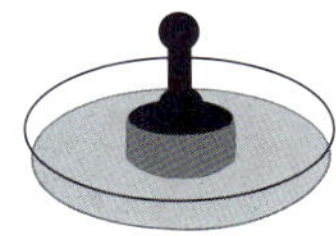

1. Die tiefgekühlten Erbsen auftauen lassen. Knollensellerie schälen und auf der Küchenreibe grob raspeln. Möhre putzen und schälen, dann ebenfalls grob raspeln. Die Paprikaschote halbieren, putzen, waschen und trocken tupfen. Anschließend in dünne Streifen schneiden. Frühlingszwiebeln putzen, waschen und in dünne Scheiben schneiden. Babyspinat waschen, trocken schleudern und in Streifen schneiden. Die Chilischote nach Belieben waschen, putzen und in Ringe schneiden.
2. Alle vorbereiteten Zutaten mit Sesamöl, Sojasauce und 1 Prise Salz in einer Schüssel vermengen und ca. 20 Minuten ziehen lassen.
3. Die Hälfte der Teigblätter auslegen. Die Eier in einer Schüssel verquirlen und die Teigblätter damit bestreichen. Die anderen Teigblätter darauflegen, dann die Gemüsemischung darauf mittig verteilen. Die Seiten einschlagen und alles aufrollen.
4. Den Rührarm aus der ActiFry nehmen, den Snackaufsatz einsetzen. Die Röllchen dünn mit Sesamöl bepinseln und im Snackaufsatz verteilen. Den Timer auf 20 Minuten stellen und das Gerät starten. Die Röllchen nach der Hälfte der Zeit wenden. Mit Sojasauce und süßsaurer Chilisauce servieren.

Tipp:

Damit nichts hängen bleibt, legt man den Snackaufsatz am besten mit zurechtgeschnittenem Backpapier aus.

FÄCHERKARTÖFFELCHEN MIT KRÄUTERBUTTER

Für 4 Portionen | 20 Min. Vorbereitung | 40 Min. Zubereitung

Zutaten:

12 nicht zu große, festkochende Kartoffeln
1 Bund Schnittlauch
4 Stängel glatte Petersilie
100 g weiche Butter
Salz
frisch gemahlener schwarzer Pfeffer
70 g würziger Cheddar
1 Dosierlöffel Sonnenblumenöl

Außerdem:

Cheddar zum Bestreuen nach Belieben
frischer grüner Salat zum Servieren

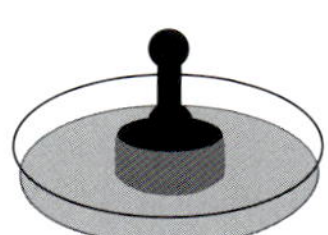

1. Die Kartoffeln sauber bürsten und abwaschen. Anschließend trocken tupfen und auf einer Arbeitsfläche auslegen. Falls die Kartoffeln keinen guten Stand haben, an einer Längsseite leicht begradigen. Von der anderen Seite im Abstand von ca. 2 mm tief ein- aber nicht durchschneiden. Vorsichtig mit der Hand auffächern, damit sie nicht brechen.
2. Die Kräuter waschen und trocken tupfen. Den Schnittlauch in feine Röllchen schneiden, die Petersilienblättchen sehr fein hacken. Beides mit der Butter in einer Schale vermengen und kräftig salzen und pfeffern. Anschließend in die Kartoffelspalten verteilen.
3. Den Cheddar in feine Stifte schneiden und ebenfalls in die Spalten verteilen. 12 Stücke Alufolie dünn mit Sonnenblumenöl bepinseln. Dann die Kartoffeln darin einwickeln. Den Rührarm aus der ActiFry entfernen, den Snackaufsatz einsetzen, die Kartoffeln darauf verteilen, den Timer auf 40 Minuten stellen und das Gerät starten. Nach Ablauf der Zeit die Kartoffeln vorsichtig (heiß!) aus der Alufolie wickeln. Auf Teller verteilen, nach Belieben mit weiterem geriebenem Cheddar bestreuen und mit einem frischen grünen Salat servieren.

Tipp:

Am einfachsten lässt sich die Kräuterbutter per Hand in den Kartoffelspalten platzieren.

2 VARIATIONEN VON DATTELN

IM SPECKMANTEL

Für 16 Mandel-Datteln | 30 Min. Vorbereitung | 16 Min. Zubereitung

Für 16 Mandel-Datteln:

16 getrocknete Datteln ohne Steine

16 Mandeln ohne Haut

16 kleine Scheiben Bacon

Außerdem:

Zahnstocher

1. In jede Dattel eine Mandel stecken. Anschließend eng mit je 1 Scheibe Bacon umwickeln und mit einem halbierten Zahnstocher fixieren.
2. Im Garraum der ActiFry mit eingesetztem Rührarm verteilen. Den Timer auf 16 Minuten stellen und das Gerät starten. Währenddessen kontrollieren, ob alles gut gewendet wird und gegebenenfalls mit der Hand einmal wenden. Dann herausnehmen, etwas abkühlen lassen und am besten noch warm genießen.

MIT SCHAFSKÄSECREME

Für 16 Datteln | 30 Min. Vorbereitung | 16 Min. Zubereitung

Für 16 Schafskäsecreme-Datteln:

80 g Schafskäse

2 TL Harissa-Paste

16 getrocknete Datteln ohne Steine

16 kleine Scheiben Bacon

Außerdem:

Zahnstocher

Spritzbeutel mit Tülle, alternativ Gefrierbeutel, der in der Ecke aufgeschnitten wird

1. Den Schafskäse zerbröckeln und mit der Harissa-Paste pürieren. Anschließend in eine Gebäckspritze füllen und die Paste in die Datteln spritzen. Mit jeweils 1 Scheibe Bacon eng umwickeln, mit je einem halbieren Zahnstocher fixieren.
2. Im Garraum der ActiFry mit eingesetztem Rührarm verteilen. Den Timer auf 16 Minuten stellen und das Gerät starten. Währenddessen kontrollieren, ob alles gut gewendet wird und gegebenenfalls mit der Hand einmal wenden. Dann herausnehmen, etwas abkühlen lassen und am besten ebenfalls noch warm genießen.

MEATBALLS MIT BBQ-SAUCE

Für 4 Portionen | 30 Min. Vorbereitung | 15 Min. Zubereitung

Für die Meatballs:

½ altbackenes Brötchen vom Vortag
1 kleine Zwiebel
1 Knoblauchzehe
½ Bund glatte Petersilie
600 g Rinderhackfleisch
Salz
frisch gemahlener schwarzer Pfeffer
1 Ei (Gr. S)
1 TL Dijon-Senf

Für die BBQ-Sauce:

200 ml Ketchup
75 g brauner Zucker
40 ml Apfelessig
1 EL geräuchertes Paprikapulver
1 TL Salz
1 TL Cayennepfeffer

Außerdem:

Semmelbrösel zum Wälzen

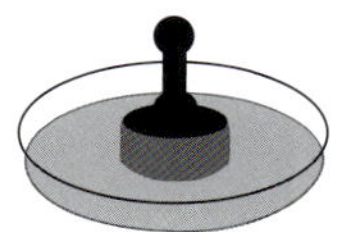

1. Das Brötchen ca. 10 Minuten in lauwarmem Wasser einweichen. Dann ausdrücken und klein zerzupft in eine Schüssel geben. Zwiebel und Knoblauch schälen und fein hacken. Petersilie waschen, trocken schütteln und die Blättchen hacken. Alles zusammen mit den restlichen Zutaten für die Meatballs ebenfalls in die Schüssel geben und mit den Händen gut verkneten.
2. Aus dem Fleischteig mit feuchten Händen kleine Bällchen formen und diese in Semmelbröseln wälzen. Den Rührarm aus der ActiFry nehmen, den Snackaufsatz einsetzen und die Meatballs darin verteilen. Den Timer auf 15 Minuten stellen und das Gerät starten. Die Meatballs nach der Hälfte der Zeit wenden.
3. Für die BBQ-Sauce alle Zutaten mit 3 Esslöffeln Wasser in einem Topf verrühren und aufkochen. Ca. 10 Minuten köcheln und dann abkühlen lassen.
4. Die Meatballs mit BBQ-Sauce servieren.

Tipp:

Damit die Fleischbällchen nicht am Gitter hängen bleiben, legt man den Snackaufsatz am besten mit einem zugeschnittenen Stück Backpapier aus und platziert die Bällchen darauf.

Tipp:

Damit nichts hängen bleibt, legt man den Snackaufsatz am besten mit zurechtgeschnittenem Backpapier aus.

GEBACKENE ERBSEN-BROKKOLI-BÄLLCHEN **MIT KRÄUTER-DIP**

Für 4 Portionen | 35 Min. Vorbereitung | 10 Min. Zubereitung

1. Den Brokkoli waschen, in Röschen teilen, den Stiel schälen und würfeln. In wenig kochendem Salzwasser ca. 8 Minuten gar kochen. In den letzten 3 Minuten die Erbsen hinzugeben. Alles in ein Sieb abgießen, abschrecken und gut abtropfen lassen. In eine Schüssel umfüllen und mit dem Kartoffelstampfer grob zerstampfen.
2. Knoblauch schälen und zur Erbsen-Brokkoli-Mischung pressen. Pecorino reiben und zusammen mit Pfeffer, Eiern, Semmelbröseln und Bohnenkraut hinzugeben. Alles gut verkneten, dann mit feuchten Händen zu kleinen Bällchen formen. Falls die Masse zu feucht ist, etwas mehr Semmelbrösel untermischen.
3. Zum Panieren die Eier mit Salz und Pfeffer in einer Schüssel verquirlen. Das Mehl in eine zweite Schale geben. Das Pankomehl in einer dritten Schale verteilen. Die Bällchen darin doppelt panieren, das heißt: Jedes Bällchen erst in Mehl, dann im Ei, dann im Pankomehl wenden. Dann den Vorgang wiederholen.
4. Den Rührarm entfernen, den Snackaufsatz einsetzen und die Bällchen darauf verteilen. Mit Sonnenblumenöl beträufeln und den Timer auf 10 Minuten stellen. Das Gerät starten und die Bällchen nach der Hälfte der Zeit einmal wenden.
5. Für den Kräuter-Dip die Saure Sahne mit Naturjoghurt, Kreuzkümmel, Ras el Hanout, Zitronensaft, etwas Salz und Pfeffer in eine Schale geben und verrühren. Koriander waschen, trocken schleudern und die grob gehackten Blättchen unterrühren. Zusammen mit den Brokkoli-Bällchen servieren.

Für die Brokkoli-Bällchen:

1 kleiner Kopf Brokkoli

100 g TK-Erbsen

Salz

2 Knoblauchzehen

100 g junger Pecorino

frisch gemahlener schwarzer Pfeffer

2 Eier

100 g Semmelbrösel

1 TL getr. Bohnenkraut

Zum Panieren:

2 Eier

Salz, frisch gemahlener schwarzer Pfeffer

150 g Weizenmehl (Type 405 oder 550)

100 g Pankomehl

Für den Kräuter-Dip:

200 g Saure Sahne

100 g Naturjoghurt

1 TL gemahlener Kreuzkümmel

1 TL Ras el Hanout

2 TL Zitronensaft

Salz, frisch gemahlener schwarzer Pfeffer

1 Bund Koriander

Außerdem:

1 Dosierlöffel Sonnenblumenöl zum Beträufeln

VEGGIE HAUPTGERICHTE

GEMÜSE CURRY
MIT KICHERERBSEN UND HALLOUMI

Für 4 Portionen | 30 Min. Vorbereitung | 28 Min. Zubereitung plus parallel Kochzeit für den Reis

Zutaten:

1 Zwiebel
1 Stück Ingwer (3 cm)
2 Knoblauchzehen
100 g Zuckerschoten
2 Tomaten
2 Möhren
1 Zucchini
1 rote Chilischote
1 Dose Kichererbsen (ca. 250 g Abtropfgewicht)
250 g Halloumi
½ Dosierlöffel Sonnenblumenöl
1 EL rote Currypaste
250 ml Kokosmilch
½ Bund Koriandergrün
Salz
frisch gemahlener schwarzer Pfeffer

Außerdem:

Basmatireis zum Servieren

1. Zwiebel, Ingwer und Knoblauch schälen. Zwiebel halbieren und in dünne Streifen schneiden. Ingwer und Knoblauch fein hacken. Zuckerschoten und Tomaten waschen und putzen. Die Zuckerschoten schräg halbieren und die Tomaten würfeln. Möhren und Zucchini schälen und würfeln. Die rote Chilischote halbieren, putzen, waschen und in Scheiben schneiden. Die Kichererbsen in ein Sieb geben, abspülen und abtropfen lassen. Halloumi trocken tupfen und würfeln.
2. Die Zwiebel mit dem Sonnenblumenöl im Garraum der ActiFry mit eingesetztem Rührarm verteilen. Den Timer auf 3 Minuten stellen und das Gerät starten. Dann Möhren, Ingwer, Knoblauch, Chilischote und Currypaste zugeben. Den Timer auf 8 Minuten stellen. Anschließend Zucchini, Zuckerschoten, Tomaten und Kokosmilch zugeben. Den Timer auf 12 Minuten stellen. In der Zwischenzeit Koriander waschen, trocken schütteln und die Blätter abzupfen.
3. Die Kichererbsen und den Halloumi hinzugeben. Den Timer auf 5 Minuten stellen und anschließend das Gemüsecurry mit Salz und Pfeffer abschmecken. Mit Basmatireis und Korianderblättchen servieren.

ROTE-BETE-RISOTTO
MIT MONTELLO

Für 4 Portionen | 15 Min. Vorbereitung | 40 Min. Zubereitung

1. Die Rote Bete waschen, die Blätter entfernen und das Grün in Streifen schneiden. Die Knollen schälen und auf der Küchenreibe grob raspeln. Die Zwiebel schälen und fein hacken.
2. Butter und Olivenöl in den Garraum der ActiFry mit eingesetztem Rührarm geben. Zwiebel und Rote Bete (bis auf das Grün) hinzugeben. Den Timer auf 3 Minuten stellen und das Gerät starten. Den Reis hinzugeben. Den Timer auf 1 Minute stellen. Weißwein und Brühe hinzugeben. Den Timer auf 30 Minuten stellen. Das Rote-Bete-Grün hinzugeben. Den Timer auf 5 Minuten stellen.
3. Nach Ende der Garzeit Zitronensaft, Butter, Käse, etwas Salz und Pfeffer hinzugeben. Den Timer auf 1 Minute stellen. Das Risotto auf Teller verteilen, den Hartkäse in Spänen darübergeben und zum Beispiel einen frischen grünen Salat dazu reichen.

Tipp:

Wenn Kinder mitessen, ersetzen Sie den Weißwein durch weitere Brühe.

Für das Risotto:

4 kleine Knollen Rote Bete mit Grün

1 rote Zwiebel

2 EL Butter

1 EL Olivenöl

300 g Risottoreis (z. B. Arborio)

125 ml trockener Weißwein

1,2 l heiße Gemüsebrühe

Zum Verfeinern:

1 EL Zitronensaft

40 g Butter

50 g vegetarischer Hartkäse (z. B. Montello)

Salz

frisch gemahlener schwarzer Pfeffer

ZUCCHINI-FRITTATA
MIT SALAT

Für 4 Portionen | 20 Min. Vorbereitung | 21 Min. Zubereitung

Zutaten:

1 Zucchini
2 Knoblauchzehen
1 Zwiebel
½ Bund glatte Petersilie
1 Dosierlöffel Olivenöl
6 Eier (Gr. M)
50 g frisch geriebener vegetarischer Hartkäse (z. B. Montello)
1 EL Weizenmehl (Type 405 oder 550)
2 EL Saure Sahne
1 TL Backpulver
Salz
frisch gemahlener schwarzer Pfeffer

Außerdem:

Salat und Baguette zum Servieren

1. Die Zucchini waschen, putzen und auf der Gemüsereibe grob raspeln. Knoblauch und Zwiebel schälen und fein hacken. Die Petersilie waschen, trocken schütteln und die Blätter hacken.
2. Zucchini, Knoblauch, Zwiebel und Petersilie zusammen mit dem Olivenöl in die ActiFry mit eingesetztem Rührarm geben. Den Timer auf 6 Minuten stellen und das Gerät starten. Dann die angebratenen Zutaten in eine Schüssel umfüllen.
3. Eier, Käse, Mehl, Saure Sahne und Backpulver in einer zweiten Schüssel glatt verrühren. Zur Gemüsemischung geben und alles mit Salz und Pfeffer würzen.
4. Den Rührarm entfernen* und die Eier-Mischung vorsichtig in den Garbehälter füllen. Den Garbehälter schließen, den Timer auf 15 Minuten stellen. Wird die Oberseite zu dunkel, die Frittata lose mit Alufolie abdecken. Ist die Frittata gut gestockt, in Portionen auf Teller verteilen und mit frischem Salat und knusprigem Ciabatta servieren.

Tipp:

Da der Garbehälter eine sehr gute Antihaft-Beschichtung hat, kann man einfach einen großen Teller daraufsetzen und beides miteinander so um 180° drehen, dass die Frittata auf den Teller fällt.

* Bitte beachten Sie den Hinweis auf Seite 13.

Tipp:

Das Rezept für Zitronen-Mayonnaise finden Sie auf Seite 25. Lassen Sie für die Kräuterremoulade einfach den Zitronensaft und die Zitronenschale weg und geben Sie dafür die auf S. 51 aufgelisteten Zutaten zur fertigen Mayonnaise.

Damit die Sellerieschnitzel gut in den Garbehälter passen, schneidet man sie, je nachdem, wie groß die Knolle ist, am besten auf die passenden Größe.

SELLERIESCHNITZEL MIT KÄSE-FÜLLUNG UND KRÄUTERREMOULADE

Für 4 Portionen | 25 Min. Vorbereitung | 13 Min. Zubereitung

1. Den Knollensellerie schälen und in ca. 2 cm dicke Scheiben schneiden. Die Scheiben in einem Topf mit Wasser bedecken. Den Zitronensaft und etwas Salz zugeben, dann in ca. 8 Minuten bissfest kochen. Herausnehmen, in ein Sieb geben, kalt abschrecken und abtropfen lassen.
2. Sellerieschieben trocken tupfen und in jede Scheibe waagerecht eine tiefe Tasche schneiden. Die Taschen innen salzen und pfeffern, dann mit Emmentaler füllen. Nach Bedarf mit Zahnstochern fixieren.
3. Zum Panieren in einer Schale die Eier mit Salz und Pfeffer verquirlen. In einer zweiten Schale das Mehl verteilen, die Semmelbrösel in einer dritten.
4. Sellerieschieben erst in Mehl, dann im Ei und schließlich in den Semmelbröseln wenden.
5. Den Rührarm entfernen* und das Butterschmalz in den Garbehälter geben. Den Timer auf 1 Minute stellen und das Gerät starten. Dann die Sellerieschnitzel darin verteilen. Den Timer auf 12 Minuten stellen. Die Schnitzel nach der Hälfte der Zeit wenden.
6. In der Zwischenzeit für die Remoulade die Zwiebel schälen und fein hacken. Die Gewürzgurken würfeln. Die Kräuter waschen, trocken schütteln und den Schnittlauch in feine Röllchen schneiden, den Dill hacken. Alle Zutaten für die Remoulade in einer Schüssel miteinander verrühren.
7. Die goldbraunen Sellerieschnitzel mit der Remoulade und nach Geschmack eventuell mit knusprigem Baguette servieren.

Zutaten:

½ Knollensellerie
1 EL Zitronensaft
Salz
frisch gemahlener schwarzer Pfeffer
100 g Emmentaler
2 Eier (Gr. M)
70 g Weizenmehl (Type 405 oder 550)
70 g Semmelbrösel
1 EL Butterschmalz

Für die Kräuterremoulade:

1 kleine Zwiebel
2 Gewürzgurken
1 Bund Schnittlauch
½ Bund Dill
1 EL Gewürzgurkensud
200 g Mayonnaise (Rezept S. 25)
50 g Naturjoghurt

Außerdem:

Baguette zum Servieren
eventuell Zahnstocher

* Bitte beachten Sie den Hinweis auf Seite 13.

BLÄTTERTEIG-TARTE MIT TOMATEN, SCHAFSKÄSE UND SCHWARZEN OLIVEN

Für 4 Portionen | 20 Min. Vorbereitung | 17 Min. Zubereitung

Zutaten:

2–3 Tomaten, je nach Größe
3 EL schwarze Oliven ohne Stein
3 Zweige Thymian
1 Dosierlöffel Olivenöl
2 Knoblauchzehen
1 Rolle Blätterteig aus dem Kühlregal
2 TL Dijon-Senf
150 g Schafskäse
Salz
frisch gemahlener schwarzer Pfeffer

Außerdem:

Rucola-Salat zum Servieren nach Belieben

1. Die Tomaten waschen, trocknen und die Stielansätze entfernen. Dann in Scheiben schneiden. Die Oliven in Ringe schneiden. Thymian waschen, trocken tupfen und die Blätter abzupfen. Mit dem Olivenöl in einer Schale verrühren. Knoblauch schälen und dazupressen.
2. Den Blätterteig entrollen und in Stücke schneiden. Den Rührarm entfernen* und den Garraum mit zugeschnittenem Backpapier auslegen, dann den Blätterteig leicht überlappend darauf auslegen und dabei einen kleinen Rand formen. Den Teig mehrfach mit einer Gabel einstechen, dann mit dem Senf bestreichen und den Schafskäse darauf bröckeln. Den Timer auf 5 Minuten stellen und das Gerät starten.
3. Den vorgegarten Blätterteigboden mit Tomatenscheiben belegen, leicht mit Salz und Pfeffer würzen, dann die Oliven darüberstreuen. Teelöffelweise die Olivenölmischung darüberträufeln.
4. Den Timer auf 12 Minuten stellen und das Gerät starten. Nach Ende der Garzeit leicht abkühlen lassen, vorsichtig in Stücke teilen und aus dem Garraum heben. Auf Teller verteilen und zum Beispiel mit Rucola-Salat servieren.

Tipp:

Im Bereich an der Luftzufuhr des Garbehälters bräunt die Tarte sehr schnell, deshalb sollte man dort eventuell ein Stück Alufolie oben auflegen.

* Bitte beachten Sie den Hinweis auf Seite 13.

TOMATEN-MOZZARELLA-RISOTTO

Für 4 Portionen | 10 Min. Vorbereitung | 40 Min. Zubereitung

Für das Risotto:

250 g Datteltomaten
2 Schalotten
½ Dosierlöffel Olivenöl
300 g Risottoreis (z. B. Arborio)
125 ml trockener Weißwein
1,2 l heiße Gemüsebrühe

Zum Verfeinern:

1 Bund Basilikum
1 Kugel Mozzarella (150 g)
50 g vegetarischer Hartkäse (z. B. Montello)
1 EL Zitronensaft
Salz
frisch gemahlener schwarzer Pfeffer

1. Die Tomaten waschen, halbieren und die Stielansätze entfernen. Die Schalotten schälen und fein hacken.
2. Das Olivenöl in den Garraum der ActiFry mit eingesetztem Rührarm geben. Tomaten und Schalotten hinzugeben. Den Timer auf 3 Minuten stellen und das Gerät starten. Den Reis hinzugeben. Den Timer auf 1 Minute stellen. Weißwein und Brühe hinzugeben. Den Timer auf 35 Minuten stellen. Ab und an schauen, ob sich alles gut mischt und gegebenenfalls einmal kurz umrühren.
3. In der Zwischenzeit Basilikum waschen, trocken schütteln und die Blätter in Streifen schneiden. Mozzarella sehr klein hacken, Hartkäse reiben.
4. Nach Ende der Garzeit Basilikum, Mozzarella, Hartkäse, Zitronensaft und etwas Salz und Pfeffer hinzugeben und gründlich unterrühren. Den Timer auf 1 Minute stellen. Das Risotto auf Teller verteilen und zum Beispiel einen frischen grünen Salat dazu reichen.

Tipp:

Wenn Kinder mitessen, ersetzen Sie den Weißwein durch weitere Brühe.

INDISCHES DAL
MIT SELBST GEMACHTEM NAAN-BROT

Für 4 Portione | 1,5 Std. Vorbereitung | 45 Min. Zubereitung

Für das Naan-Brot:

15 g frische Hefe
½ TL Zucker
250 g Dinkelmehl (Type 630)
1 gestr. TL Salz
100 g zimmerwarmer Naturjoghurt

Für das Dal:

200 g rote Linsen
500 ml Gemüsefond
1 Dose Kokosmilch (400 ml)
1 rote Zwiebel
2 Knoblauchzehen
1 Stück Ingwer (2 cm)
½ TL Kurkuma
1 Gewürznelke
2 Kardamomkapseln
1 Lorbeerblatt
2 TL gemahlener Kreuzkümmel
1 TL gemahlener Koriander
Salz, frisch gemahlener schwarzer Pfeffer
Cayennepfeffer
1 EL Zitronensaft

Außerdem:

Mehl für die Arbeitsfläche
flüssiges Ghee (indisches Butterschmalz) zum Bepinseln
Korianderblättchen zum Bestreuen

1. Die Hefe in 100 ml lauwarmes Wasser bröckeln. Zucker und 1 Esslöffel Mehl einrühren und abgedeckt ca. 10 Minuten ruhen lassen. Anschließend mit allen anderen Zutaten für das Brot, außer dem Ghee, in einer Schüssel mit dem Handrührgerät 10 Minuten verkneten. Abgedeckt 1 Stunde an einem warmen Ort ruhen lassen.
2. Den Naan-Teig nochmals kneten, dann in ca. 8 Stücke teilen und auf einer bemehlten Arbeitsfläche länglich ausrollen, sodass sie portionsweise im Garbehälter Platz haben. 10 Minuten abgedeckt ruhen lassen.
3. Die ActiFry ohne Rührarm 1 Minute aufheizen*. Mit der ersten Portion der Teigfladen füllen. Den Timer auf 10 Minuten stellen und das Gerät starten. Nach der Hälfte der Zeit die Fladen wenden. Herausnehmen, noch warm mit Ghee bestreichen. Den Rest genauso zubereiten.
4. Für das Dal die roten Linsen in ein Sieb geben, abspülen und im Garraum mit Rührarm verteilen. Mit Gemüsefond bedecken.
5. Zwiebel, Knoblauch und Ingwer schälen und hacken. Mit Kurkuma, Gewürznelke, Kardamom, Lorbeerblatt, Kreuzkümmel, Koriander und etwa ⅔ der Kokosmilch zu den Linsen in den Garraum geben. Timer auf 35 Minuten stellen und das Gerät starten. Ist die Flüssigkeit aufgebraucht, die restliche Kokosmilch zugießen. Wenn die Linsen weich und das Dal schön cremig ist, mit Salz, Pfeffer und Cayennepfeffer pikant abschmecken und Zitronensaft unterrühren. Mit Korianderblättern bestreuen und mit Naan-Brot servieren.

* Bitte beachten Sie den Hinweis auf Seite 13.

ONE POT PASTA VEGETARISCH
MIT ARTISCHOCKENHERZEN UND OLIVEN

Für 4 Portionen | 15 Min. Vorbereitung | 30 Min. Zubereitung

Zutaten:

1 Zwiebel

2 Knoblauchzehen

60 g schwarze Oliven ohne Stein

200 g eingelegte Artischockenherzen (Feinkosttheke oder Glas)

500 g Kirschtomaten (ersatzweise gehackte Tomaten aus der Dose)

1 Dosierlöffel Olivenöl

400 ml Gemüsebrühe

300 g Pasta aus dem Kühlregal

60 g frisch geriebener vegetarischer Hartkäse (z. B. Montello)

Salz

frisch gemahlener schwarzer Pfeffer

Außerdem:

Basilikumblätter zum Bestreuen
Parmesan zum Servieren

1. Die Zwiebel und die Knoblauchzehen schälen und fein hacken. Die Oliven in Ringe schneiden. Die Artischockenherzen trocken tupfen und in Streifen schneiden. Die Kirschtomaten waschen, putzen und hacken.
2. Das Olivenöl mit Zwiebel und Knoblauch in den Garraum der ActiFry mit eingesetztem Rührarm füllen. Den Timer auf 2 Minuten stellen und das Gerät starten. Alle anderen Zutaten bis auf Pasta, Käse, Salz und Pfeffer zugeben. Den Timer auf 20 Minuten stellen.
3. Wenn die 20 Minuten vorbei sind, Pasta und Käse unterrühren und mit Salz und Pfeffer würzen. Den Timer auf 2 Minuten stellen. Ab und an kontrollieren, ob alles gut gemischt ist und gegebenenfalls per Hand einmal nachrühren.
4. Nach Ablauf der Zeit mit Salz und Pfeffer abschmecken. Auf Teller verteilen, mit Basilikumblättern bestreuen und weiteren Käse dazu reichen.

Tipp:

Da die fertige Pasta aus dem Kühlregal oft ganz unterschiedliche Restgarzeiten hat, empfehlen wir, die Nudeln nicht im Garbehälter, sondern auf dem Herd zu erwärmen. Dann ist gewährleistet, dass die im Rezept angegebene Flüssigkeitsmenge für dieses Rezept auch ausreicht – auch, wenn es dann nicht One Pot sein mag, aber sicher ist sicher. Wenn eine Pasta verwendet wird, die nur noch erwärmt werden, und nicht noch 3–4 Minuten garen muss, dann stellt man den letzten Timer auf 8 Minuten und gibt die Pasta direkt in den Garbehälter, ohne sie vorher auf dem Herd zu erwärmen.

GEFÜLLTE TOMATEN MIT COUSCOUS, KRÄUTERN UND JOGHURT-SAUCE

Für 4 Portionen | 25 Min. Vorbereitung | 11 Min. Zubereitung

Für die gefüllten Tomaten:

2 EL Mandelblättchen
75 g Couscous
Salz
1 EL Sultaninen
100 g Feta
je 6 Stängel glatte Petersilie und Minze
frisch gemahlener schwarzer Pfeffer
1 EL Olivenöl
1 Msp. Zimt
4 große Fleischtomaten
½ Dosierlöffel Olivenöl

Für die Joghurt-Sauce:

200 g cremiger Naturjoghurt
1 Knoblauchzehe
Salz
frisch gemahlener schwarzer Pfeffer
1 EL Zitronensaft

1. Die Mandelblättchen in den Garbehälter mit eingesetztem Rührarm füllen. Den Timer auf 7 Minuten stellen, das Gerät starten und die Blättchen goldbraun rösten. In der Hälfte der Zeit einmal von Hand umrühren. Dann herausnehmen und in eine Schüssel füllen.
2. Währenddessen auf dem Herd 150 ml Wasser aufkochen. Couscous mit etwas Salz und den Sultaninen in eine zweite Schüssel füllen und mit dem Wasser übergießen. Abdecken und 5 Minuten ziehen lassen. Dann mit einer Gabel umrühren.
3. Den Feta zerkrümeln. Die Kräuter waschen, trocken schütteln und die Blättchen hacken. Couscous mit Sultaninen, Feta, Kräuter und Olivenöl zu den Mandeln geben. Alles vermengen und mit Salz, Pfeffer und Zimt würzen.
4. Die Fleischtomaten waschen. Einen Deckel oben abschneiden und die Tomaten vorsichtig aushöhlen. Mit der Couscous-Mandel-Mischung füllen und mit Olivenöl bepinseln. Mit einer Gabel die Tomatenhaut mehrfach anpiksen, damit sie nicht platzt. Den Rührarm entfernen* und die Tomaten vorsichtig in den Garbehälter setzen. Den Timer auf 4 Minuten stellen.
5. In der Zwischenzeit die Joghurt-Sauce zubereiten. Dafür Joghurt in eine Schale füllen. Den Knoblauch schälen und dazupressen. Die Mischung verrühren und mit Salz, Pfeffer und Zitronensaft abschmecken.
6. Die Tomaten mit der Joghurt-Sauce servieren. Nach Belieben weiteres Couscous dazu reichen.

* Bitte beachten Sie den Hinweis auf Seite 13.

KARTOFFEL-LAUCH-GRATIN MIT CHEDDAR

Für 4 Portionen | 20 Min. Vorbereitung | 40 Min. Zubereitung

Zutaten:

1 kg festkochende Kartoffeln

1 Stange Lauch

200 g Cheddar, gerieben

Salz

frisch gemahlener schwarzer Pfeffer

Paprikapulver edelsüß

250 ml Kochsahne (10 % Fett)

Außerdem:

Rohkostsalat zum Servieren nach Belieben

1. Die Kartoffeln waschen, schälen und auf der Gemüsereibe in dünne Scheiben hobeln. Lauch putzen, gründlich waschen und in dünne Ringe schneiden. Den Cheddar grob raspeln.
2. Den Rührarm entfernen*, die Hälfte der Kartoffeln in den Garraum füllen und festdrücken. Mit Salz, Pfeffer und Paprikapulver würzen. Den Lauch darauf verteilen und die Hälfte des Käses daraufstreuen. Die restlichen Kartoffeln darübergeben, erneut salzen, pfeffern und etwas Paprikapulver darübergeben. Den restlichen Käse darauf verteilen und die Kochsahne darübergießen. Mit Alufolie locker abdecken.
3. Den Deckel schließen, den Timer auf 40 Minuten stellen und das Gerät starten. 10 Minuten vor Garzeitende die Alufolie entfernen. Das goldbraune Kartoffel-Lauch-Gratin auf Teller verteilen und zum Beispiel mit knackigem Rohkostsalat servieren.

* Bitte beachten Sie den Hinweis auf Seite 13.

HAUPTGERICHTE MIT FLEISCH, GEFLÜGEL UND FISCH

ROTE SUPPLI MIT HACKFLEISCH-ERBSEN-FÜLLUNG

Für ca. 15 Stück | 30 Min. Vorbereitung | 1,5 Std. Zubereitung

Für die Reismasse:
1 l Rinderbrühe
300 ml passierte Tomaten
300 g Risottoreis (z. B. Arborio)
1 EL Butter
40 g Parmesan
1 Ei (Gr. M)

Für die Füllung:
1 kleine Zwiebel
1 Knoblauchzehe
1 EL Olivenöl
3 EL Tomatenmark
150 g Rinderhackfleisch
40 g TK-Erbsen
75 ml Rinderbrühe
Salz, frisch gemahlener schwarzer Pfeffer
Cayennepfeffer nach Belieben

Zum Panieren:
100 g Weizenmehl (Type 405 oder 550)
2 Eier (Gr. M)
Salz, frisch gemahlener schwarzer Pfeffer
100 g Semmelbrösel

Außerdem:
1 Dosierlöffel Olivenöl

1. Für die Reismasse die Rinderbrühe mit den passierten Tomaten, dem Reis und der Butter in den Garraum der ActiFry mit eingesetztem Rührarm geben. Den Timer auf 50 Minuten stellen und das Gerät starten. Während der Garzeit bei Bedarf von Hand umrühren.
2. Ist der Reis gar, in eine Schüssel umfüllen, den Parmesan reiben und unterrühren. Die Mischung etwas abkühlen lassen, dann das Ei unterrühren. Alles auskühlen lassen und den Garraum säubern.
3. Für die Füllung Zwiebel und Knoblauch schälen und hacken. Mit Olivenöl, Tomatenmark, Hackfleisch und den aufgetauten Erbsen in den Garraum geben. Timer auf 4 Minuten stellen und das Gerät starten. Die Brühe hinzugießen und alles weitere 5 Minuten garen. In eine Schüssel umfüllen, mit Salz und Pfeffer würzen und nach Belieben mit Cayennepfeffer abschmecken. Den Garraum der ActiFry erneut säubern.
4. Zum Panieren Mehl, Eier mit etwas Salz und Pfeffer und die Semmelbrösel auf 3 tiefe Teller verteilen. Von der Reismasse etwa 2 Esslöffel abnehmen. In der Handfläche flach drücken, etwas Hackfleischfüllung in die Mitte geben, dann wieder mit Reis bedecken und zu einer Kugel formen. Diese erst im Mehl, dann im verquirlten Ei und dann in den Semmelbröseln wenden. So fortfahren, bis der gesamte Reis aufgebraucht ist.
5. Rührarm entnehmen, Snackaufsatz einsetzen, Reiskugeln darauf verteilen und mit Olivenöl dünn bepinseln. Den Timer auf 15 Minuten stellen und das Gerät starten. Kugeln nach der Hälfte der Zeit wenden. Zum Beispiel mit einem Salat servieren.

Tipp:

Am besten legt man den Snackaufsatz mit einem zurechtgeschnittenen Bogen Backpapier aus, dann hängt nichts an und die Suppli behalten ihre ebenmäßige Form.

CRISPY CHICKEN WINGS

Für 4 Portionen | 20 Min. Vorbereitung | 25 Min. Zubereitung

1. Salz, Paprikapulver, Knoblauchgranulat, Kreuzkümmel, Pfeffer, Zucker und nach persönlicher Vorliebe auch Cayennepfeffer miteinander in einer Schale verrühren.
2. Die Chicken Wings nach Belieben im Gelenk trennen, kalt abspülen und trocken tupfen. In einer Schüssel mit den Gewürzen vermengen.
3. In einer zweiten Schüssel Mehl mit Backpulver verrühren. Die Chicken Wings darin wenden, anschließend im Garraum mit eingesetztem Rührarm verteilen.
4. Den Timer auf 25 Minuten stellen und das Gerät starten. Die Chicken Wings schön knusprig garen, bei Bedarf von Hand wenden. Mit frischem Salat, nach Belieben knusprigem Brot und BBQ-Sauce servieren.

Tipp:

Das Rezept für eine schnelle BBQ-Sauce finden Sie auf Seite 38.

Zutaten:

2 TL Salz

2 TL Paprikapulver edelsüß

2 TL Knoblauchgranulat

2 TL gemahlener Kreuzkümmel

1 TL grob gemahlener schwarzer Pfeffer

1 TL Zucker

1 TL Cayennepfeffer nach Belieben

100 g Weizenmehl (Type 405 oder 550)

1 TL Backpulver

1 kg Chicken Wings

Außerdem:

frischer Salat, eventuell Brot und BBQ-Sauce zum Servieren

DEFTIGES ROSMARIN-RISOTTO MIT SALSICCIA

Für 4 Portionen | 15 Min. Vorbereitung | 43 Min. Zubereitung

Für das Risotto:
300 g Salsiccia mit Fenchel
2 Zweige Rosmarin
2 Schalotten
½ Dosierlöffel Olivenöl
300 g Risottoreis (z. B. Arborio)
125 ml trockener Weißwein
1,2 l heißer Kalbsfond

Zum Verfeinern:
50 g Parmesan
30 g Butter
1 EL Zitronensaft
Salz
frisch gemahlener schwarzer Pfeffer

Außerdem:
Salat zum Servieren

1. Das Wurstbrät aus der Pelle drücken. Rosmarin waschen, trocken tupfen und die Nadeln hacken. Mit dem Wurstbrät vermengen. Die Schalotten schälen und fein hacken.
2. Das Olivenöl in den Garraum der ActiFry mit eingesetztem Rührarm geben. Schalotten hinzugeben. Den Timer auf 2 Minuten stellen und das Gerät starten. Anschließend die Wurstbrätmasse hinzubröckeln und den Timer auf 4 Minuten stellen. Den Reis hinzugeben. Den Timer auf 1 Minute stellen. Weißwein und Fond hinzugeben. Den Timer auf 35 Minuten stellen und das Gerät starten.
3. In der Zwischenzeit den Parmesan reiben. Nach Ende der Garzeit Parmesan, Butter, Zitronensaft und etwas Salz und Pfeffer hinzugeben. Den Timer auf 1 Minute stellen. Das Risotto auf Teller verteilen und zum Beispiel einen frischen grünen Salat dazu reichen.

Tipp:

Wenn Kinder mitessen, ersetzen Sie den Weißwein durch weitere Brühe.

DEFTIGES
CHILI CON CARNE

Für 4 Portionen | 20 Min. Vorbereitung | 30 Min. Zubereitung

1. Kidneybohnen und Mais in ein Sieb schütten, kalt abspülen und abtropfen lassen. Zwiebeln und Knoblauch schälen und hacken. Die Chilischoten halbieren, putzen, waschen und ebenfalls hacken. Die Tomaten waschen, die Stielansätze entfernen und das Fruchtfleisch würfeln. Die Paprikaschote halbieren, putzen, waschen und würfeln.
2. Alle vorbereiteten Zutaten zusammen mit dem grob zerrupften Hackfleisch, dem Tomatenmark, dem Sonnenblumenöl, der Rinderbrühe, etwas Salz und Pfeffer sowie Kreuzkümmel, Paprikapulver und Zucker in den Garraum der ActiFry mit eingesetztem Rührarm füllen. Den Timer auf 30 Minuten stellen und das Gerät starten.
3. In der Zwischenzeit Koriander waschen und trocken schütteln. Die Blätter abzupfen. Die Saure Sahne in einer Schale glatt rühren.
4. Das Chili auf Teller verteilen, mit Korianderblättern bestreuen und mit etwas Saurer Sahne toppen. Dazu Tortilla-Chips reichen.

Zutaten:

1 Dose Kidneybohnen (425 g)
1 Dose Mais (200 g)
2 rote Zwiebeln
3 Knoblauchzehen
3 rote Chilischoten
500 g Tomaten
1 rote Paprikaschote
500 g Rinderhackfleisch
1 EL Tomatenmark
½ Dosierlöffel Sonnenblumenöl
200 ml Rinderbrühe
Salz
frisch gemahlener schwarzer Pfeffer
2 TL gemahlener Kreuzkümmel
1 TL geräuchertes Paprikapulver
1 Msp. Zucker

Außerdem:

1 Bund Koriander
150 g Saure Sahne
1 Packung Tortilla-Chips

SCHARFER LAMMTOPF MIT FRISCHEN TOMATEN

Für 4 Portionen | 40 Min. Vorbereitung | 30 Min. Zubereitung plus parallel Kochzeit für den Reis

Zutaten:

700 g Lammfleisch aus der Keule
1 Stück Ingwer (3 cm)
4 Knoblauchzehen
2 TL gemahlener Kreuzkümmel
1 TL gemahlener Koriander
½ TL Kurkuma
Salz
3 große Zwiebeln
750 g Tomaten
3 rote Chilischoten
1 Dosierlöffel Erdnussöl

Außerdem:

Korianderblätter zum Bestreuen
Basmatireis zum Servieren

1. Das Fleisch in knapp 2 cm große Würfel schneiden. Ingwer und Knoblauch schälen und fein hacken. Fleisch mit Ingwer, Knoblauch, Kreuzkümmel, Koriander, Kurkuma und etwas Salz mischen. Für ca. 30 Minuten kühl stellen.
2. Zwiebeln schälen und klein würfeln. Die Tomaten waschen, die Stielansätze entfernen und das Fruchtfleisch pürieren. Die Chilischoten halbieren, putzen, waschen und in Streifen schneiden.
3. Das Erdnussöl mit den Zwiebeln in den Garraum der ActiFry mit eingesetztem Rührarm geben. Den Timer auf 2 Minuten stellen und das Gerät starten. Das Fleisch mit der Marinade hinzugeben. Den Timer auf 3 Minuten stellen. Tomatenpüree und Chilischoten zugeben. Den Timer auf 25 Minuten stellen. Ab und an nachsehen und gegebenenfalls alles mit einem Löffel verrühren. Ist die Mischung zu fest, etwas Wasser zugießen.
4. Das Curry auf Teller verteilen, mit Korianderblättern bestreuen und mit Basmatireis servieren.

Tipp:

Man kann den Joghurt auch mit der Kokosmilch zum Curry geben, aber durch die hohe Hitze flockt er aus. Das macht geschmacklich keinen Unterschied, sieht aber nicht so schön aus, deshalb rühren wir ihn am Ende unter. Die geringe Menge wirkt sich auch kaum auf die Temperatur des Gerichtes aus.

CREMIGES HÜHNCHEN-CURRY
MIT KOKOSMILCH

Für 4 Portionen | 20 Min. Vorbereitung | 46 Min. Zubereitung plus parallel Kochzeit für den Reis

Zutaten:

1 EL gemahlene Mandeln
1 Stück Ingwer (4 cm)
4 Knoblauchzehen
4 Schalotten
800 g Hähnchenbrustfilet
500 g festkochende Kartoffeln
1 Zwiebel
3 Möhren
2 Tomaten
2 EL Garam Masala
½ TL Zimtpulver
1 Dosierlöffel Sonnenblumenöl
5 Kardamomkapseln
Salz
600 ml Kokosmilch
1 EL Zitronensaft
frisch gemahlener schwarzer Pfeffer
1 Prise Cayennepfeffer
100 g Naturjoghurt

Außerdem:

frisch gehackte Minze zum Bestreuen
Basmatireis zum Servieren

1. Die Mandeln mit 3 Esslöffeln heißem Wasser begießen und bis zur weiteren Verwendung quellen lassen. Ingwer, Knoblauch und Schalotten schälen und grob zerteilen. In ein hohes Gefäß geben und mit den Mandeln und der Flüssigkeit pürieren.
2. Das Hähnchenbrustfilet kalt abspülen, trocken tupfen und in mundgerechte Würfel schneiden. Die Kartoffeln schälen, waschen und in ca. 1 cm große Würfel schneiden. Die Zwiebel schälen, halbieren und in Streifen schneiden. Die Möhren schälen, putzen und in Scheiben schneiden. Die Tomaten waschen, die Stielansätze entfernen und das Fruchtfleisch würfeln.
3. Die Zwiebelstreifen mit Garam Masala und Zimtpulver mischen. Im Garraum der ActiFry mit eingesetztem Rührarm verteilen. Das Sonnenblumenöl darüberträufeln. Den Timer auf 3 Minuten stellen. Anschließend die Ingwerpaste, die Kardamomkapseln und das Hühnchenfleisch darin verteilen. Den Timer auf 3 Minuten stellen und das Gerät starten. Kartoffeln, Möhren, Tomaten und 350 ml Wasser hinzufügen. Den Timer auf 35 Minuten stellen. Ab und an nachsehen und gegebenenfalls von Hand einmal umrühren.
4. Kokosmilch und Zitronensaft verrühren. Zusammen mit Pfeffer und etwas Cayennepfeffer in den Garraum geben. Den Timer auf 5 Minuten stellen. Das Curry nochmals mit Salz und Pfeffer abschmecken und den Joghurt unterrühren. Dann mit Minze bestreuen und mit Basmatireis servieren.

ONE POT PASTA
MIT SALSICCIA UND FENCHEL-AROMA

Für 4 Portionen | 15 Min. Vorbereitung | 26 Min. Zubereitung

Zutaten:

4 EL Pinienkerne
500 g Salsiccia mit Fenchel
500 g Eiertomaten
1 Zwiebel
2 Knoblauchzehen
½ Dosierlöffel Olivenöl
250 ml Rinderbrühe
1 TL gemahlener Fenchel
1 TL getrockneter Oregano
Salz
frisch gemahlener schwarzer Pfeffer
500 g Tagliatelle aus dem Kühlregal

Außerdem:

Parmesan zum Servieren

1. Die Pinienkerne in die ActiFry mit eingesetztem Rührarm geben. Den Timer auf 5 Minuten stellen und die Pinienkerne rösten. In dieser Zeit einmal von Hand umrühren. Dann herausnehmen und beiseitestellen.
2. Die Salsiccia aus der Pelle lösen und das Wurstbrät zu kleinen Kugeln rollen. Die Tomaten waschen, vom Stielansatz befreien und das Fruchtfleisch fein würfeln. Zwiebel und Knoblauch schälen. Zwiebel würfeln, Knoblauch hacken.
3. Den Rührarm entfernen, den Snackaufsatz einsetzen, die Salsicciakugeln hineinlegen und mit dem Olivenöl benetzen. Den Timer auf 8 Minuten stellen und die Kugeln in der Hälfte der Zeit einmal umdrehen. Den Snackaufsatz herausnehmen, den Rührarm wieder einsetzen, die Salsicciakugeln in die ActiFry geben und Zwiebel und Knoblauch hinzufügen. Den Timer auf 1 Minute stellen. Schließlich die Tomaten, die Brühe, Fenchel und Oregano hinzugeben. Alles leicht salzen und pfeffern und den Timer auf 10 Minuten stellen. Die Tagliatelle und die Pinienkerne in der Mischung verteilen. Den Timer auf 2 Minuten stellen. In der Hälfte der Zeit einmal von Hand umrühren.
4. Die Pasta auf Teller verteilen und mit Parmesan servieren.

Tipp:

Genau wie bei der One Pot Pasta von Seite 58 gilt auch hier: Da die fertige Pasta aus dem Kühlregal oft ganz unterschiedliche Restgarzeiten hat, empfehlen wir, die Nudeln nicht im Garbehälter, sondern auf dem Herd zu erwärmen. Dann ist gewährleistet, dass die im Rezept angegebene Flüssigkeitsmenge für dieses Rezept auch ausreicht. Wenn jedoch eine Pasta aus dem Kühlregal verwendet wird, die noch 3–4 Minuten garen und nicht nur erwärmt werden muss, dann gibt man am Anfang etwas mehr Brühe zu und stellt den letzten Timer auf 5–6 statt auf 2 Minuten.

KALBSGESCHNETZELTES MIT SPÄTZLE UND PILZEN

Für 4 Portionen | 25 Min. Vorbereitung | 22 Min. Zubereitung

1. Die Kalbsschnitzel in mundgerechte Streifen schneiden und trocken tupfen. In eine Schüssel geben, etwas Salz und Pfeffer hinzugeben und das Maiskeimöl unterrühren.
2. Das Kalbsgeschnetzelte in den Garraum der ActiFry mit eingesetztem Rührarm geben. Den Timer auf 6 Minuten stellen. Anschließend herausnehmen.
3. In der Zwischenzeit die Zwiebel schälen, halbieren und in Streifen schneiden. Die Knoblauchzehe schälen und hacken. Den Bacon würfeln. Champignons und Pfifferlinge putzen, feucht abreiben und je nach Größe halbieren oder vierteln.
4. Zwiebel, Knoblauch, Bacon und Pilze in den Garraum geben. Den Timer auf 10 Minuten stellen und das Gerät starten. Ab und an nachsehen, ob alles gleichmäßig gart, gegebenenfalls nochmals umrühren. Die Spätzle mit Sahne und Brühe hinzugeben. Den Timer auf 5 Minuten stellen. Zum Schluss das Fleisch hinzugeben, den Timer nochmals auf 1 Minute stellen.
5. In der Zwischenzeit den Schnittlauch waschen, trocken tupfen und in Röllchen schneiden. Die Spätzlepfanne auf Teller verteilen und mit Schnittlauch bestreut servieren.

Zutaten:

400 g Kalbsschnitzel

Salz

frisch gemahlener schwarzer Pfeffer

½ Dosierlöffel Maiskeimöl

1 Zwiebel

1 Knoblauchzehe

80 g Bacon-Streifen

150 g braune Champignons

150 g Pfifferlinge

500 g Spätzle aus dem Kühlregal

150 ml Kochsahne (10 % Fett)

50 ml Brühe

1 Bund Schnittlauch

EASY-PEASY-LASAGNE
MIT FRISCHKÄSE

Für 4 Portionen | 15 Min. Vorbereitung | 50 Min. Zubereitung

Zutaten:

1 Zwiebel
1 Knoblauchzehe
2 Möhren
2 Stangen Staudensellerie
5 Scheiben durchwachsener Speck
400 g Rinderhackfleisch
½ Dosierlöffel Olivenöl
Salz
frisch gemahlener schwarzer Pfeffer
500 g passierte Tomaten
75 ml Rinderbrühe
3 EL getrocknete italienische Kräuter
150 g Doppelrahmfrischkäse
180 g Lasagneplatten
1 Kugel Mozzarella
50 g Parmesan

1. Zwiebel und Knoblauch schälen und hacken. Die Möhren putzen, schälen und klein würfeln. Staudensellerie waschen, putzen und ebenfalls klein würfeln. Auch den Speck in kleine Würfel schneiden. Alles in den Garraum der ActiFry mit eingesetztem Rührarm füllen. Das Hackfleisch zerrupfen, darüber verteilen und das Olivenöl hinzugießen. Etwas Salz und Pfeffer hinzugeben. Den Timer auf 5 Minuten stellen und das Gerät starten.
2. Die passierten Tomaten, die Rinderbrühe und die italienischen Kräuter hinzugeben. Den Timer auf 5 Minuten stellen. Dann den Frischkäse hinzugeben und den Timer nochmals auf 5 Minuten stellen. In der Zwischenzeit die Lasagneplatten in Stücke brechen, Mozzarella fein hacken und den Parmesan reiben.
3. Das Ragout in eine Schüssel umfüllen, der Garraum muss nicht gesäubert werden, den Rührarm entfernen*. Etwas Ragout in den Garraum geben, darüber eine Lage Lasagnenudeln. So fortfahren, bis alles aufgebraucht ist. Die oberste Schicht sollte Ragout sein. Darauf beide Käsesorten verteilen. Alles locker mit Alufolie abdecken und den Timer auf 35 Minuten stellen. Die letzten 10 Minuten die Alufolie entfernen, damit der Käse schön knusprig wird. Im Bereich der Heißluftzufuhr im Garraum kann es notwendig werden, die Alufolie am Ende noch einmal aufzulegen, da es an dieser Stelle schnell sehr heiß wird und die Lasagne zu dunkel würde.

* Bitte beachten Sie den Hinweis auf Seite 13.

Tipp:

Wenn Kinder mitessen, lassen Sie einfach den Weißwein weg und nehmen stattdessen mehr Brühe und einen Spritzer Zitronensaft.

Noch schneller geht das Gericht, wenn Sie küchenfertige tiefgekühlte Meeresfrüchte verwenden. Diese einfach auftauen lassen, dann wie auf S. 85 beschrieben zum Reis geben und mitgaren.

ARROZ DE MARISCO – PORTUGIESISCHER REISTOPF

Für 4 Portionen | 20 Min. Vorbereitung | 22 Min. Zubereitung

Zutaten:
300 g Kalmare
500 g Herzmuscheln
600 g Garnelen
1 Zwiebel
2 Knoblauchzehen
500 g Tomaten
1 rote Paprikaschote
½ Dosierlöffel Olivenöl
2 Lorbeerblätter
250 g Langkornreis
500 ml Gemüsebrühe
200 ml trockener Weißwein
½ Bund Koriandergrün
2 EL Zitronensaft
Salz
frisch gemahlener schwarzer Pfeffer

1. Die Kalmare küchenfertig säubern – also ausnehmen und den Kopf entfernen – dann waschen, trocken tupfen und den Körper in Ringe schneiden, die Tentakeln nach Belieben halbieren. Die Herzmuscheln unter kaltem Wasser kräftig abbürsten, geöffnete Exemplare entfernen. Die Garnelen, bis auf die Schwanzflosse, von der Schale entfernen und entdarmen, den Kopf daran belassen.
2. Die Zwiebel schälen und fein hacken. Die Tomaten waschen, den Stielansatz entfernen und die Früchte kreuzweise einschneiden. In eine Schüssel geben, kochendes Wasser darübergießen und etwa 20 Sekunden stehen lassen. Dann in ein Sieb abgießen und häuten. Die Früchte würfeln. Knoblauch schälen und fein hacken. Die Paprikaschote halbieren, putzen, waschen und würfeln.
3. Zwiebel, Tomaten, Knoblauch, Paprika und das Olivenöl in den Garraum der ActiFry mit eingesetztem Rührarm geben. Den Timer auf 5 Minuten stellen und das Gerät starten. Anschließend Lorbeerblätter, Reis, Gemüsebrühe und Weißwein hinzugeben. Den Timer auf 10 Minuten stellen. In der Zwischenzeit Koriander waschen, trocken schütteln und die Blätter abzupfen.
4. Die Meeresfrüchte hinzufügen und den Timer auf 7 Minuten stellen. Nach Bedarf weitere Flüssigkeit zugießen. Anschließend mit Zitronensaft, Salz und Pfeffer abschmecken und die Korianderblätter unterrühren.

GEBACKENE DORADENRÖLLCHEN MIT SCHINKEN UND SALBEI

Für 4 Portionen | 45 Min. Vorbereitung | 17 Min. Zubereitung

Zutaten:

16 Salbeiblätter
100 g Parmaschinken
8 Doradenfilets (je ca. 90 g)
Salz
frisch gemahlener schwarzer Pfeffer
1 Dosierlöffel Olivenöl
½ Dosierlöffel Zitronensaft
100 g Semmelbrösel

Außerdem:

Ciabatta und Romana-Salat zum Servieren
Zahnstocher

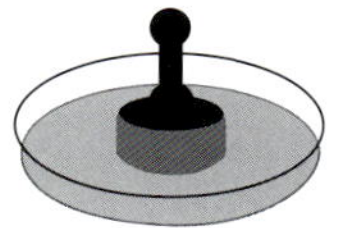

1. Die Salbeiblätter waschen und trocken tupfen. Parmaschinken in Stücke zupfen. Die Doradenfilets kalt abspülen, trocken tupfen und eventuell vorhandene Gräten entfernen. Dann auf einer Arbeitsfläche ausbreiten. Leicht salzen und pfeffern, die Salbeiblätter und die Hälfte des Parmaschinkens darauf verteilen.
2. Die Doradenfilets aufrollen, mit Zahnstochern fixieren und in eine Schüssel geben. Mit Zitronensaft und Olivenöl beträufeln und 30 Minuten im Kühlschrank ziehen lassen. Nach der Hälfte der Zeit wenden.
3. Die Röllchen aus der Marinade holen, abtropfen lassen und dabei die Marinade auffangen. Die Röllchen in den Semmelbröseln wenden. Den Rührarm entfernen, den Snackaufsatz einsetzen und die Röllchen darauf verteilen. Mit der Marinade beträufeln, den Timer auf 12 Minuten stellen und das Gerät starten. Nach der Hälfte der Zeit wenden. 5 Minuten vor Ende der Garzeit den restlichen Schinken hinzustreuen.
4. Die Röllchen auf Teller verteilen und mit knusprigem Ciabatta und Romana-Salat servieren.

Tipp:

Am besten legt man den Snackaufsatz mit passgenau zugeschnittenem Backpapier aus, dann hängt nichts an.

DESS

ERTS

SAFTIGE BANANA-BREAD-MUFFINS

Für 8 Stück | 15 Min. Vorbereitung | 14 Min. Zubereitung

Zutaten:

2 sehr reife Bananen
2 Eier (Gr. S)
80 g brauner Zucker
170 g Weizenmehl (Type 405 oder 550)
1 TL Backpulver
1 Msp. Zimt
1 Prise Salz
60 g Schmand

Außerdem:

8 Silikon-Muffinförmchen
Puderzucker zum Bestäuben

1. Die Bananen schälen und mit einer Gabel in einer Schale zerdrücken. Eier mit Zucker in eine Schüssel geben und ca. 5 Minuten cremig aufschlagen. Das Bananenmus hinzugeben. Mehl mit Backpulver, Salz und Zimt mischen und darübersieben. Zusammen mit dem Schmand hinzugeben. Alles kurz verquirlen.
2. Den Teig in die Muffinförmchen füllen und diese im Garraum der ActiFry ohne eingesetzten Rührarm* verteilen. Den Timer auf 14 Minuten stellen und das Gerät starten. Falls die Oberfläche zu dunkel wird, mit Alufolie abdecken. Eine Stäbchenprobe durchführen und die Garzeit gegebenenfalls etwas verlängern.
3. Die Banana-Bread-Muffins auf einem Kuchengitter vollständig auskühlen lassen, dann aus den Förmchen lösen und mit Puderzucker bestäubt servieren.

* Bitte beachten Sie den Hinweis auf Seite 13.

KNUSPRIGE BIRNENTASCHEN IM FILOTEIG

Für 4 Portionen | 20 Min. Vorbereitung | 22 Min. Zubereitung

1. Die Birnen waschen, schälen und halbieren. Die Kerngehäuse entfernen und das Fruchtfleisch in dünne Scheiben schneiden. In einer Schale mit Sonnenblumenöl, Zucker, Zimt und Mandelblättchen mischen.
2. Die Fruchtmischung im Garraum der ActiFry mit eingesetztem Rührarm verteilen. Den Timer auf 10 Minuten stellen und das Gerät starten. Anschließend die Fruchtmasse in eine Schale umfüllen und den Garraum säubern.
3. Die Teigblätter auf eine Arbeitsfläche legen und dünn mit der Hälfte des Sonnenblumenöls und derselben Menge Wasser bepinseln. Mittig mit der Zartbitterschokolade bestreuen, mit der Birnenmasse mittig belegen und zu Päckchen formen. Den Rührarm entfernen, den Snackaufsatz einsetzen und die Päckchen darauf verteilen. Mit dem restlichen Sonnenblumenöl bepinseln. Den Timer auf 12 Minuten stellen und das Gerät starten. Die Päckchen in der Hälfte der Zeit einmal wenden.
4. Die Birnentaschen auf Teller verteilen und mit einem Klecks Crème fraîche servieren.

Für die Birnenfüllung:

4 mittelfeste Birnen

½ Dosierlöffel Sonnenblumenöl

1 EL Zucker

½ TL Zimt

2 EL Mandelblättchen

Außerdem:

4 Blätter Filoteig aus dem Kühlregal

1 Dosierlöffel Sonnenblumenöl

4 EL geraspelte Zartbitterschokolade

100 g Crème fraîche zum Servieren

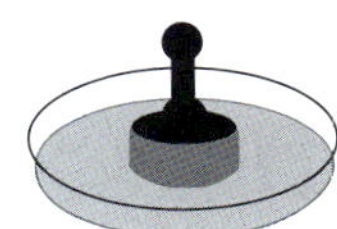

KIRSCH-CLAFOUTIS MIT EXTRA VANILLE

Für 4 Portionen | 20 Min. Vorbereitung | 10 Min. Zubereitung

Zutaten:
250 g Süßkirschen
3 Eier
2 EL Zucker
1 Prise Salz
2 Vanilleschoten
100 ml Kochsahne (10 %)
100 ml Milch
80 g Weizenmehl (Type 405 oder 550)

Außerdem:
Puderzucker zum Bestäuben

1. Die Kirschen waschen, trocknen und entsteinen. Im Garraum der ActiFry ohne eingesetzten Rührarm* verteilen.
2. Die Eier mit Zucker und Salz in einer Schüssel schaumig quirlen. Die Vanilleschoten der Länge nach aufschneiden, das Mark herausschaben. Zusammen mit Kochsahne, Milch und Mehl hinzugeben. Alles glatt verquirlen und über die Kirschen gießen. Den Timer auf 10 Minuten stellen und das Gerät starten. Eine Stäbchenprobe machen und die Garzeit gegebenenfalls etwas verlängern. Dabei dann den Claufoutis lose mit Alufolie abdecken, damit er nicht zu dunkel wird.
3. Den Clafoutis portionsweise auf Teller verteilen und warm oder kalt mit Puderzucker bestäubt servieren.

* Bitte beachten Sie den Hinweis auf Seite 13.

WALDBEEREN-CRUMBLE MIT MANDELBRÖSELN

Für 4–6 Portionen | 20 Min. Vorbereitung | 20 Min. Zubereitung

1. Die Beeren verlesen, waschen und trockentupfen, alternativ auftauen lassen. In einer Schüssel mit braunem Zucker und Vanillepuddingpulver mischen.
2. Die Beeren im Garraum der ActiFry mit eingesetztem Rührarm verteilen. Den Timer auf 12 Minuten stellen und das Gerät starten.
3. In der Zwischenzeit alle Zutaten für den Crumble miteinander zu Bröseln verkneten. Nach Ablauf der Garzeit über die Beerenmischung streuen. Den Rührarm entfernen*, den Timer auf 8 Minuten stellen und das Gerät starten.
4. Den Crumble portioniert auf Teller verteilen und warm oder kalt mit Puderzucker bestäubt servieren.

Tipp:

Dazu schmeckt ein Klecks Vanillesahne oder eine Kugel Vanilleeis ganz besonders gut.

* Bitte beachten Sie den Hinweis auf Seite 13.

Für die Früchte:

400 g Waldbeeren-Mischung (frisch oder tiefgekühlt)

2 EL brauner Zucker

2 TL Vanillepuddingpulver (alternativ Speisestärke)

Für den Crumble:

50 g gemahlene Mandeln

100 g Weizenmehl (Type 405 oder 550)

80 g kalte Butter

100 g Zucker

1 Prise Salz

Außerdem:

Puderzucker zum Bestäuben

Vanilleeis nach Belieben

BROWNIES MIT KIRSCHEN

Für 4 Stück | 30 Min. Vorbereitung | 15 Min. Zubereitung

Zutaten:

150 g Zartbitterschokolade (75 % Kakaoanteil)

150 ml Sonnenblumenöl

4 EL Walnüsse

3 Eier (Gr. M)

100 g Zucker

3 EL Ahornsirup

125 g Weizenmehl (Type 405 oder 550)

25 g Speisestärke

1 TL Backpulver

Außerdem:

4–6 ofenfeste Förmchen (10 cm Durchmesser)

Butter zum Einfetten

Schlagsahne oder Obst zum Servieren

1. Die Zartbitterschokolade raspeln und mit dem Sonnenblumenöl in einem Topf erwärmen. Unter Rühren auflösen, dann vom Herd ziehen und etwas abkühlen lassen.
2. Die Walnüsse hacken. Eier mit Zucker schaumig quirlen. Die Schokoladenmischung in dünnem Strahl dazugießen, dabei ständig weiterquirlen. Den Ahornsirup darunterrühren. Mehl, Speisestärke und Backpulver mischen, über den Teig sieben und alles glatt verrühren. Zum Schluss die Walnüsse unterheben.
3. Die Förmchen mit Butter einfetten. Den Teig auf die Förmchen verteilen. Die Förmchen mit Alufolie abdecken, den Rührarm entfernen* und den Timer auf 15 Minuten stellen und das Gerät starten. 5 Minuten vor Garzeitende die Alufolie entfernen, damit die Oberfläche knusprig wird.
4. Direkt in den Förmchen am besten noch lauwarm servieren und einen Klecks Schlagsahne oder Obst dazu reichen.

* Bitte beachten Sie den Hinweis auf Seite 13.

BRATÄPFEL MIT MARZIPAN-NUSS-FÜLLUNG

Für 4 Portionen | 20 Min. Vorbereitung | 25 Min. Zubereitung

Zutaten:

2 EL getrocknete Cranberrys
6 EL Apfelsaft
100 g Marzipan
3 EL Sahne
1 P. Vanillezucker
½ TL Zimt
2 EL Mandelstifte
4 säuerliche Äpfel (z. B. Boskop)

Außerdem:

Puderzucker zum Bestäuben
Vanilleeis zum Servieren

1. Die Cranberrys grob hacken und in einer Schale mit dem Apfelsaft begießen. 30 Minuten ziehen lassen.
2. Marzipan hacken und mit der Sahne pürieren. Vanillezucker und Zimt unterrühren.
3. Die Cranberrys abgießen und mit der Marzipanmasse vermengen, dann die Mandelstifte untermengen.
4. Die Äpfel waschen, trocknen und das Kerngehäuse von oben herausstechen. Falls die Äpfel keinen Stand haben, unten etwas begradigen. Die Marzipanmasse in die Äpfel füllen und jeden Apfel in Alufolie einwickeln.
5. Die gefüllten Äpfel im Garraum der ActiFry ohne eingesetzten Rührarm* verteilen und den Timer auf 15 Minuten stellen. Anschließend die Folie vorsichtig entfernen (heiß!), den Timer auf 10 Minuten stellen und die Bratäpfel zu Ende garen.
6. Die Äpfel auf Teller verteilen und mit Puderzucker bestäuben. Heiß mit je einer Kugel Vanilleeis servieren.

Tipp:

Wenn keine Kinder mitessen, können Sie die Cranberrys auch in Rum einweichen oder in Calvados. Statt der Eiscreme können Sie auch klassisch Vanillesauce dazu reichen.

* Bitte beachten Sie den Hinweis auf Seite 13.

VANILLE-ERDBEER-RISOTTO

Für 4 Portionen | 10 Min. Vorbereitung | 25 Min. Zubereitung

Für das Risotto:

3 EL Mandelblättchen
2 Orangen
1 Päckchen Vanillezucker
125 g Risottoreis (z. B. Arborio)
250 ml Milch

Zum Verfeinern:

100 ml Sahne
200 g Erdbeeren

Zum Verzieren:

frische Erdbeeren
Puderzucker

1. Die Mandelblättchen in die ActiFry mit eingesetztem Rührarm geben. Den Timer auf 5 Minuten stellen. Anschließend Mandeln in eine Schale umfüllen.
2. Die Orangen auspressen. Zusammen mit dem Vanillezucker, dem Reis, der Milch und 200 ml Wasser in den Garraum der ActiFry mit eingesetztem Rührarm geben. Den Timer auf 20 Minuten stellen. Zwischendurch nachsehen, ob alles gut verrührt ist und genügend Flüssigkeit vorhanden ist, eventuell einmal durchrühren und etwas Wasser oder Milch zugießen. Sollte der Reis noch nicht weich sein, den Timer noch einmal auf etwa 5 Minuten stellen und das Gerät anschalten.
3. Zum Verfeinern die Sahne steif schlagen. Die Erdbeeren waschen, putzen und würfeln.
4. Nach Ende der Garzeit den Reis in eine Schale umfüllen. Sahne und Erdbeeren unterheben. Auf Schalen verteilen, mit frischen Erdbeeren garnieren und mit Puderzucker bestäubt servieren.

STRUDELPÄCKCHEN MIT VANILLEQUARK-FÜLLUNG

Für 6 Stück | 25 Min. Vorbereitung | 15 Min. Zubereitung

Zutaten:

50 ml Orangensaft
20 g Rosinen
350 g Magerquark
1 Ei (Gr. M)
30 g Zucker
1 P. Vanillezucker
50 g Butter
1 Packung Strudelteig aus dem Kühlregal (120 g)
6 EL Semmelbrösel

Außerdem:

Puderzucker zum Bestäuben
Vanilleeis oder Vanillesauce zum Servieren

1. Den Orangensaft erwärmen. Die Rosinen in eine Schale geben, mit dem Orangensaft begießen und 30 Minuten einweichen. Den Magerquark in ein Sieb geben und abtropfen lassen.
2. Ei mit Zucker schaumig quirlen. Vanillezucker darunterquirlen, dann den Quark und die Rosinen unterrühren. Die Butter zerlassen.
3. Die Strudelteigblätter auf 6 Portionen aufteilen. Dünn mit zerlassener Butter bestreichen, dann die Quarkfüllung mittig darauf verteilen. Die Seitenränder umschlagen und jede Portion zu einem Päckchen formen. Mit der Naht nach unten im Garraum der ActiFry ohne eingesetzten Rührarm* verteilen. Mit der restlichen Butter bestreichen.
4. Den Timer auf 15 Minuten stellen und das Gerät starten. Die Päckchen nach der Hälfte der Zeit vorsichtig wenden. Herausnehmen, mit Puderzucker bestreuen und je nach Geschmack entweder solo, warm mit Vanilleeis oder kalt mit warmer Vanillesauce servieren.

* Bitte beachten Sie den Hinweis auf Seite 13.

GEBACKENE SÜSSE CREME MIT ERDBEERSAUCE

Für 4 Portionen | 50 Min. Vorbereitung | 12 Min. Zubereitung

Für die gebackene süße Creme:

4 Eier (Gr. M)
50 g Zucker
1 P. Vanillezucker
1 TL abgeriebene Schale von 1 unbehandelten Zitrone
500 ml Milch
60 g Weizenmehl (Type 405 oder 550)
25 g Speisestärke
100 g Semmelbrösel
1 Dosierlöffel Sonnenblumenöl

Für die Erdbeersauce:

250 g Erdbeeren
1 P. Vanillezucker
1 TL Zitronensaft

Außerdem:

Zucker und Zimt zum Bestreuen

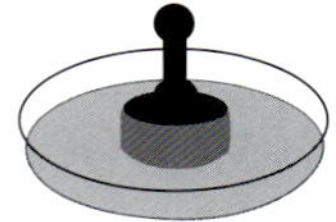

1. 2 Eier trennen. Die Eigelbe zusammen mit den 2 ganzen Eiern in eine Schüssel geben und mit Zucker und Vanillezucker schaumig quirlen. Die Eiweiße aufbewahren, sie werden später noch benötigt.
2. Anschließend die Zitronenschale dazuquirlen. Milch, Mehl und Speisestärke hinzugeben. Alles glatt verquirlen und abgedeckt 30 Minuten quellen lassen.
3. Die Eier-Mischung in einen Topf umfüllen und unter ständigem Rühren mit dem Schneebesen einmal aufkochen lassen. Dann vom Herd ziehen. Eine flache Form mit Frischhaltefolie auslegen und die Creme 2 cm hoch einfüllen. Vollständig auskühlen und erstarren lassen.
4. Von der Creme Nocken abnehmen. Die Eiweiße verquirlen. Die Nocken vorsichtig im Eiweiß wenden, dann in den Semmelbröseln. Den Rührarm entfernen, den Snackaufsatz einsetzen und die Nocken vorsichtig auf dem Snackaufsatz platzieren. Mit der Hälfte des Sonnenblumenöls bestreichen, den Timer auf 12 Minuten stellen und das Gerät starten. Nach der Hälfte der Zeit wenden und mit dem restlichen Sonnenblumenöl bepinseln.
5. In der Zwischenzeit die Erdbeeren waschen, trocken tupfen, putzen und mit Vanillezucker und Zitronensaft pürieren. Nach Belieben durch ein Sieb streichen, um die Kerne zu entfernen. Die gebackene süße Creme auf Desserteller verteilen. Mit Zucker und Zimt bestreuen und mit etwas Erdbeersauce servieren.

Tipp:

Am besten legt man den Snackaufsatz mit einem zurechtgeschnittenen Bogen Backpapier aus, dann hängt nichts an.

DRUMHERUM

Bei manchen Rezepten finden sich Vorschläge für Saucen und Dips – aber manchmal möchte man ja auch ein bisschen herumexperimentieren und etwas Neues ausprobieren. Dazu gibt es auf den folgenden Seiten einige Anregungen. Dabei sind, was die Kombinationsmöglichkeiten angeht, der Fantasie keine Grenzen gesetzt.

SAUCE BERNAISE

1. 200 g Butter in einem Topf schmelzen. In einem zweiten Topf die Schalotten in der restlichen Butter anschwitzen, mit dem Weißwein und 40 ml Wasser ablöschen und kurz aufkochen lassen. Den Pfeffer zufügen und etwas abkühlen lassen. Dann zusammen mit den Eigelb im Wasserbad zu einer homogenen Masse aufschlagen, dabei aber keinesfalls zum Kochen bringen. Vom Herd nehmen und die geschmolzene Butter sehr langsam und unter ständigem Rühren in die Eimasse hineinlaufen lassen und stetig rühren.
2. Den Estragon fein schneiden und unter die fertige Sauce rühren und alles mit Salz, Cayennepfeffer und etwas Zitronensaft abschmecken.

Zutaten:

220 g Buttermilch

70 ml trockener Weißwein

2 Schalotten, fein gehackt

½ TL zerstoßene schwarze Pfefferkörner

½ Bund Estragon, abgezupft

3 Eigelb

Salz

Zitronensaft

1 Msp. Cayennepfeffer

ROSMARIN- MAYONNAISE

1. Das Öl in einem Topf erwärmen, dabei darauf achten, dass es nicht zu heiß wird. Die Rosmarin-Zweige ins warme Öl legen, den Topf mit dem Deckel verschließen und den Rosmarin für zwei bis drei Stunden im Öl ziehen lassen.
2. Danach die Zweige entfernen und mit dem Rosmarinöl die Mayonnaise zubereiten. Dazu das Eigelb mit dem Senf verrühren, das Öl tröpfchenweise zugeben und mit dem Mixer ständig weiterrühren, bis die gewünschte Konsistenz erreicht ist. Dann den Zitronensaft unterrühren und mit Salz und Pfeffer abschmecken.

Zutaten:

1 großes Eigelb

100 ml Rapsöl, kaltgepresst

1 TL Senf

etwas Zitronensaft

2–3 Zweige Rosmarin

Salz, Pfeffer

AIOLI FÜR GOURMETS

1. Die Eier rechtzeitig aus dem Kühlschrank nehmen, damit sie Zimmertemperatur bekommen. Den gehackten Knoblauch mit dem Eigelb, dem Zucker und einer Prise Salz verrühren. Dann das Olivenöl langsam in die Masse tropfen lassen und mit dem Mixer aufmixen.
2. Anschließend den Zitronensaft, das Currypulver und den Safran einrühren und zum Schluss mit Salz und Pfeffer abschmecken.

Zutaten:

2 große Eigelb
250 ml Olivenöl
½ TL Zucker
1 EL Zitronensaft
1 kleine Knoblauchzehe, sehr fein gehackt
2 Prisen Currypulver
1 Prise Safran
Pfeffer

CURRY- MAYONNAISE

1. Die Eier rechtzeitig aus dem Kühlschrank nehmen, damit sie Zimmertemperatur bekommen. Das Eigelb gründlich mit dem Senf verrühren, dann den Essig, das Salz und den Pfeffer zugeben.
2. Das Öl sehr langsam zugeben und mit dem Mixer aufmixen und so lange weiterrühren, bis die gewünschte Konsistenz erreicht ist. Dann das Curry-Pulver zugeben und noch einmal mixen. Mit Salz und Pfeffer abschmecken.

Zutaten:

2 Eigelb
200 ml Sonnenblumenöl
1 guter EL scharfer Senf
1 Spritzer Weißweinessig
1 TL Curry
Salz, Pfeffer

SAUCE TARTARE

1. Den Sauerrahm mit der Mayonnaise verrühren, alle anderen Zutaten zugeben und gründlich vermischen. Mit Salz, Pfeffer und nach Geschmack mit Cayennepfeffer abschmecken und durchziehen lassen.
2. Vor dem Servieren eventuell noch einmal etwas nachwürzen.

*Lassen Sie für die Mayonnaise einfach den Zitronenabrieb weg.

Zutaten:

250 g Sauerrahm
5 EL Mayonnaise (Siehe Rezept Seite 25*)
1 TL Kapern, gehackt
1 Schalotte, fein gehackt
1 EL Zitronensaft
2 Gewürzgurken, fein gewürfelt
2 EL Schnittlauchröllchen
1 TL Dijon-Senf
Salz, Pfeffer
Cayennepfeffer

HUMMUS

Zutaten:

200 g Kichererbsen aus der Dose
1 Knoblauchzehe, fein gehackt
50 g Sesampaste
2 EL Zitronensaft
2 EL Olivenöl
etwas Kreuzkümmel
etwas Kurkuma
1 EL Koriander, fein gehackt
Salz

1. Die Kichererbsen abtropfen lassen und die Abtropfflüssigkeit auffangen und beiseitestellen. Nun die Kichererbsen pürieren und den Knoblauch, die Sesampaste, das Olivenöl und den Zitronensaft in die Masse rühren. So viel Abtropfflüssigkeit in das Mus rühren, bis die gewünschte Konsistenz erreicht ist.
2. Den Koriander unterrühren und mit Kreuzkümmel, Kurkuma und Salz abschmecken.

PIKANTER PAPRIKA-ZWIEBEL DIP

Zutaten:

2 Zwiebeln, sehr fein gewürfelt
1 rote Paprika
1 TL Paprikapulver, edelsüß
½ TL Harissa
½ TL Cayennepfeffer
1–2 TL Tomatenmark
etwas Olivenöl

1. Die Paprika halbieren, entkernen und mit der Schnittkante nach unten in den auf 200 °C vorgeheizten Backofen legen. Sobald die Haut dunkel wird, herausnehmen und in Klarsichtfolie einschlagen und etwas ruhen lassen. Dann die Haut abziehen und die Paprika sehr klein würfeln. Zu den gewürfelten Zwiebeln geben und mit allen übrigen Zutaten gründlich vermengen.
2. Wer es gerne etwas schärfer mag, kann noch mit etwas zusätzlicher Harissa-Paste nachwürzen.

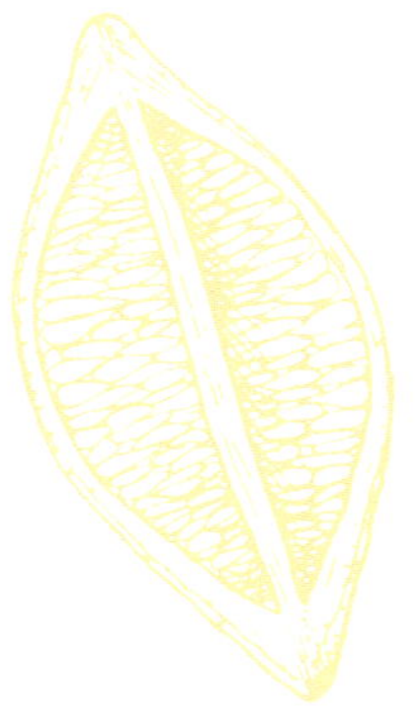

ERDNUSS-KORIANDER DIP

1. Den Zitronensaft zusammen mit den Erdnüssen, dem Reisessig, der Worcestershire-Sauce, dem Sesamöl, dem Honig und 2–3 EL Wasser im Mixer fein pürieren. Das Rapsöl nach und nach zugeben und weiter pürieren.
2. Dann die Blätter von den Korianderzweigen abzupfen, klein hacken und unter die Masse geben.

Zutaten:

½ Zitrone, Saft
4 EL Erdnüsse, ungesalzen
1 EL Reisessig
1 EL Worcestershire-Sauce
1 TL Honig, flüssig
4 EL Rapsöl
2 Zweige Koriander
1 EL Sahne

CASHEW-OLIVEN- DIP

1. Die Nüsse zusammen mit den Oliven und der Petersilie unter Zugabe des Öls pürieren. Worcestershire-Sauce zugeben und verrühren.
2. Dann die Mayonnaise unterrühren und vor dem Servieren noch etwas durchziehen lassen.

*Lassen Sie für die Mayonnaise einfach den Zitronenabrieb weg und fügen nur ein paar Spritzer Zitronensaft zu.

Zutaten:

2 EL Cashew-Kerne (gerne auch Cashew-Bruch), grob gehackt
ca. 10–12 grüne Oliven, grob gehackt
4–5 EL glatte Petersilie, gehackt
3 EL Sonnenblumenöl
3 EL Mayonnaise (siehe Rezept Seite 25*)
3 Spritzer Worcestershire-Sauce

Weitere Empfehlungen für Sie

Benjamin Hetterich ist „Der OptiGriller" und begeistert regelmäßig über 182.000 Follower auf Instagram und über 169.000 Follower auf Facebook mit seinen Rezepten, Tipps und Tricks rund um den OptiGrill.
256 Seiten, 210 x 260 mm, zahlreiche Illustrationen, Hardcover
ISBN 978-3-96664-771-7
EUR (D) 19,99

Frittieren, Grillen und Backen für jeden Anlass: Egal, ob unkomplizierter Alltagsklassiker oder kreative Köstlichkeit für Gäste – hier kommen 120 Rezepte, die Sie lieben werden!
256 Seiten, 210 x 260 mm, zahlreiche Farbfotos, Hardcover
ISBN 978-3-96664-999-5
EUR (D) 19,99

Heiß und knusprig! Die Easy Fry & Grill ist ein echter Allrounder! Selbstgemachte Pommes frites gelingen ebenso im Handumdrehen, wie Chicken Wings, Nuggets und all die anderen frittierten Klassiker
96 Seiten, 145 x 190 mm, zahlreiche Farbfotos, Softcover
ISBN 978-3-96664-505-8
EUR (D) 9,99

30 Sandwich- und Waffelrezepte für den Original Tefal Sandwichmaker. Schnelle Familienküche, die auch Kinder begeistert.
80 Seiten, 145 x 190 mm, zahlreiche Farbfotos, Softcover
ISBN 978-3-96664-168-5
EUR (D) 7,99